方有林 ◎ 著

阅读力晋级

周「一书」启示录

于漪

中国出版集团 东方出版中心

图书在版编目（CIP）数据

阅读力晋级:"'一周一书'启示录"/方有林著
. 一上海: 东方出版中心, 2022.9
ISBN 978 - 7 - 5473 - 2057 - 0

Ⅰ. ①阅… Ⅱ. ①方… Ⅲ. ①读书活动－研究－中国
Ⅳ. ①G252.17

中国版本图书馆 CIP 数据核字(2022)第 159462 号

阅读力晋级:"'一周一书'启示录"

著　　者　方有林
责任编辑　裴宏江　李梦溪
封面设计　钟　颖

出版发行　东方出版中心有限公司
地　　址　上海市仙霞路 345 号
邮政编码　200336
电　　话　021－62417400
印 刷 者　南京爱德印刷有限公司

开　　本　890mm×1240mm　1/32
印　　张　9.25
字　　数　176 千字
版　　次　2022 年 9 月第 1 版
印　　次　2022 年 9 月第 1 次印刷
定　　价　58.00 元

序

真是匪夷所思！在手机信息爆炸的岁月，许多人对手机依赖的程度已与吃饭、穿衣的生活必须不相上下，哪有时间读书。更有甚者，认为纸质传媒是一种古板、一种落后，对纸质的书不屑一顾。在这样网络喧嚣的背景下，方有林教授在大学校园里积极倡导并切实开展"一周一书"的阅读实践活动，笑迎困难寻求破解良策，坚持不懈五年，获得了实实在在的效果：本科生阅读自觉明显增强，阅读习惯初步养成，阅读能力大为提升，其阅读实践成为大学校园里的一道美丽的风景线。而今将推行该活动的实践和研究辑成《阅读力晋级》付梓出版，嘱我写序，我这名鲐背之年的老教师既感兴奋，更是心怀敬意写一点学习体会。

信息技术、人工智能无论发达到什么程度，人的心灵发育、精神成长都离不开经典读物、优秀读物的滋养。这些读物是千百年来人类文明社会古今中外积累与提炼出来的认识人生、认识社会的常识。常识看似普通，无惊天动地、振聋发聩的轰动效应，但其中寓含着不可抗拒的、不以人的主观意志为转移的规律。这种规律性的认识不是凭主观臆断，也不是凭一时的爱憎好恶，而是在空间无限、历史悠久的无数正反实践的检验中逐步形成的，有真理的味道。为此，古圣先贤，社会各领域的有识之士，无不强调读书的价值与意义，并身体力行，做出榜样。

然而，常识也是最易被人轻视与忽视。诗人、散文家约瑟夫·布罗茨基是个视文化为生命的人，他在1987年的诺贝尔文学奖受奖演说中曾这样沉痛地说："鄙视书、不读书，是深重的罪过。由于这一罪过，一个人将终生受到惩罚；如果这一罪过由整个民族犯下的话，这一民族就要因此受到自己历史的惩罚。"话说得很重，道理寄寓其中，启人深思。方教授及其团队深知阅读不仅塑造学生大脑及心智，阅读也塑造社会、塑造国家，有效地培育大学生的阅读素养，对于社会而言，是提高文明的程度；对于国家而言，不仅是个人素养的提高，而且是群体阅读力的增强，群体阅读力是国家的核心竞争力。一个国家的阅读人口表明了这个国家的文明程度。我国有优良的阅读传统，《阅读力晋级》剖析了"一周一书"实践的前世今生，如何"克期读"，拾级而上，既有理念的指导，又有操作的抓手，生动具体，开展的阅读实践活动如在眼前。

时间是常数，一个人如何管控时间、支配时间，是智慧，也是意志、毅力。苏联教育家苏霍姆林斯基曾对向他抱怨时间不够用的上大学的儿子说："要善于强迫自己每天看书。不要把这项工作拖到明天，今天的丢失，明天无论如何也无法弥补。""你所阅读的一切，就是你用以自学的精神财富的积累，这个积累越雄厚，就越容易学习。"怎样才能坚持每天读书？有赖于习惯的养成。这本著作将阅读习惯提升到"阅读力之本"的高度来阐述，我深为赞同、赞赏。清代刘蓉的《习惯说》一文强调为学贵慎微，极其有道理。习惯一经形成，就如手足在自己身体上应用自如，拉拽不开。好习惯有益终生，不良习惯戕害人生。养成阅读良好习惯从"强迫"自己开始，与惰、散、躁斗争。陶渊明说："勤学如春起之苗，不见其增，日有所涨；辍学如磨刀之石，不见其损，日有所亏。"静下心来，每天努力读一点，坚持下来，就是长足进步；如若每天懈怠一点点，长此以往，便是巨大的损失。著名画家张大千说："作画如要脱俗气、洗浮气、除匠气，第一是读书，第二是多读书，第三是须有系统、有选择地读书。"大学生读书不同于作画，但道理相通。持之以恒的良好阅读习惯能改变人的气质，提升人的品质，形成挺直脊梁骨的"大写的人"的气象。

读书要会读，要入脑入心，学会思考、鉴别、吸纳、创造。如若只是"对书"，则浮光掠影，徒劳疲倦眼睛而已。哲学家冯友兰说得十分明晰，他说，读书要"精其选，解其言，知其意，明其理"。面对出版物鱼龙混杂的现状，必须用眼力精选，不被披着炫人耳目外衣的滥物所迷惑，坚持读中华优秀文化及人类进步文化所创造的精神珍品，开阔视野，增长见识，提升追求的境界。读，不仅要攻破文字关，知其意，而且要体会"弦外音，味外味"，要在文字以外体会它的精神实质。尽其意还不够，还要明其理，有自己的意。把自己的意和作者的意比较、参照，不仅找到差距，而且还有所发现，乃至有所补充，有所创造，那就做到书为我用，活学活用了。这个问题著作里均有论述。大学本科生应该读什么，应该怎么读，不能怎样读，均作具体剖析，而且列举榜样，中小学生读书同样可以学习、借鉴。

大学生处于生命成长的旺盛期，成长需要培植，需要体验。成长是一个过程，无极限。"新的我"永远在明天，成长永远是对明天的向往。被不少人看作匪夷所思的阅读实践活动，正是对大学生生命成长的敬畏、培植与呵护。这种紧扣教育育人本质，立足当前，放眼未来的举措，不仅增添了校园文化的正能量，更大大拓展了学生生命成长的空间，为人生意义与价值的创造搭桥铺路。对于学生健康成长付出心血与智慧的人，我总是心怀敬意与感谢，为此拙笔记下学习的肤浅体会，祈愿读优质书在大中小学群体中形成习惯，形成风气，使他们的精神世界获得醍醐琼浆的滋养，和谐发展，茁壮成长。

于漪

2022 年 3 月 20 日

目录

序

第一章

阅读力测量：定量方法与实践

阅读定量：阅读力考察启新航

阅读力测量，是一项系统工程，内涵丰富，博大精深。就研究方法而言，包括定性研究和定量研究；就定量研究的路径而言，可以先理论再实践，也可以先实践再理论，还可以实践和理论并进；就定量研究的对象而言，可以涉及校园阅读或家庭阅读等的宽域研究，也可以就校园阅读的某一个学段开展窄域研究。

笔者立足本职，从身边做起，以本科生阅读定量研究为主，兼顾定性研究，围绕"定量200本"自律阅读目标，探索和实践"一周一书"活动，致力于"书香校园"创建，展开理论和实践互动互促之双翼，实践→总结→再实践→再总结，螺旋式上升至学理层面阐释，反哺和优化阅读定量实践和研究。

奉献于读者面前的这本小书，就是笔者和同道一起扬帆阅读定量研究，并积极探索定量细分自律实现路径和实践优化，包含所经历的酸、甜、苦、辣、咸诸般滋味的"航海日志"，侧重于记录实践心得、梳理理论思考，注重小实验，不废大道理，发掘小故事，不忘大环境。

给"多读"定个数

坊间有关阅读的著述，最有市场的可能要数"快速阅读"的图书。究其原因，其实读者内心深处十分认可"多读"这一王道。

源自萧纲（梁简文帝）年轻时读书速度惊人记载的成语"一

目十行"，描述了少数天才与生俱来的"快读"禀赋，令人艳羡。对大多数普通人而言，也并非可遇而不可求，其实，"快读"源自"多读"。

格物才能致知。近年来，笔者以一般院校本科生阅读为研究对象，循着"多读"这一线索开展定量研究，致力于揭示"多读"和"快读"能力形成的内在机理，多年的思考和实践产生了一些成果，现分享于读者。

自身的阅读经验、语文教学和研究经验表明：目标越是明确，实现目标的可能性越大，效果也越好。而"定个数"无疑是明确目标最直观、最形象的手段，也是增益目标的分解落实和有效实现。"任何问题没有数目字，是很难说得上科学研究的。"张志公在论述语文教学科学化的问题时也特别强调"定个数"（《张志公语文教学论集》）。

循着这个思路查阅资料，最先只见时任中国共产党中央委员会组织部部长的胡耀邦勉励干部读 2 亿字的相关内容。短时间内，未能找到比较现成的阅读定量数据和指标。静思默想，这从一个侧面说明，阅读定量研究还是一块尚未被开垦的处女地。那就从我做起、从身边做起，先对本科生开展阅读定量研究，确定阅读的数量目标。同时，通过目标分解阅读定量，化整为零，探索实践阅读定量指标的实现路径，并不断地优化。

吕叔湘有关包含阅读在内的语文教学的"量化"论述，无疑点燃了我开展定量研究的信心。2003 年，笔者深研"吕叔湘语文教育思想"时，"吕叔湘之问"再一次叩击着我的内心，吕氏指出：

中小学语文教学问题是个老问题，也是当前不容忽视的一个严重问题。中小学语文教学效果很差，中学毕业生语文水平低，大家都知道，但是对于少、慢、差、费的严重程度，恐怕还认识不足。中小学语文课所用教学时间在各门课程中历来居首位。新近公布的《全日制十年制中小学教学计划试行草案》规定，十年上课总时数是 9 160 课时，语文是 2 749 课时，恰好是 30%。十年的时间，2 700 多课时，用来学本国语文，却是大多数不过关，岂非咄咄怪事！语文是工具，语文水平低，影响别的学科的学习，有的数学老师、物理老师诉苦，说是得兼做语文老师。少数语文水平较好的学生，你要问他的经验，异口同声说是得益于课外看书。（《当前语文教学中两个迫切问题》）

这不仅引起笔者的强烈共鸣，并进一步点燃了我着手定量研究的激情，使我在反思语文课堂的阅读教学中提升认知的新层级。吕氏还说道：

开展课外阅读，对提高学生的语文能力非常重要，一定要给予足够的重视。同志们可以回忆自己的学习过程，得之于老师课堂上讲的占多少，得之于课外阅读的占多少。我回想自己大概是三七开吧，也就是说，百分之七十得之于课外阅读。课外阅读对语文课来说，决不是可有可无的。教师对学生的课外阅读不能放任自流，要加以适当指导，例如什么书值得看，什么书不值得看，这本书有什么长处，那本书有什么缺点，等等。多少指导一下，学生得到的帮助就很大。（《关于中学语文教学问题》）

吕叔湘语文能力"百分之七十得之于课外阅读"的概括，不仅进一步强调了"课外阅读之重"，还厘清了课内和课外"教"和"学"的地位及其辩证关系。同时，吕氏不仅对"吕叔湘之问"给出了自己的回答，还引领和启迪着语文教育工作者改进语文教学、提高教学效率的思考方向。

回顾自己语文能力的形成过程，也得益于大量的课外阅读。就读中学时，正值20世纪70年代末到80年代初，这是一个全社会力图都把失去的时间夺回来的年代，读书之风盛行，个人除了喜欢甚至盼望上语文课外，课余也没有其他活动，到图书馆借书阅读成为一种享受，应该是在不知不觉中养成了阅读的习惯。

如果说，仅仅从"吕叔湘之问"和"课外阅读之重"这些"现象级"的观察和描述，还不足以引发书友足够的共鸣，那么，读一读吕叔湘的文章《关于语文教学的两点基本认识》（1963年），从"'根'和'本'"上去审视一番，无疑会产生更充分的理解和认同：

第一，我认为每一个做教学工作的人必须首先认清他教的是什么。从事语文教学就必须认清语言和文字的性质；从事汉语文教学就必须认清汉语各种形式——普通话和方言、现代汉语和古代汉语——的分别和它们的相互关系。其次，我认为从事语文教学必须认清人们学会一种语文的过程。

假如读者至此还嫌不够明了，可以参阅拙著《中国现代著名语文教育人物·吕叔湘》（语文出版社 2021 年版）的第一章"语文教什么：首先'必须认清'的根本问题"和第二章"语文怎么教：其次'必须认清'的根本问题"，此处不再赘述。

似乎上述说法偏重专业，还囿于语文教育圈，那么让我们破圈而出，去看一看《异类：不一样的成功启示录》（马尔科姆·格拉德威尔著，苗飞译，华夏出版社 2013 年版）的第二章"10 000 小时法则"所述之"临界量"，体验一下更通俗、更普及、更直接的"定量"：

埃里克森的研究中最引人注目的结论是：第一，根本没有"与生俱来的天才"——花比别人少的时间就能达到比别人高的成就；第二，也不存在"劳苦命"——一个人的努力程度比别人高却无法比别人更优秀。研究结果表明，一旦一个演奏者进入顶级音乐学校，唯一能使他出人头地的方法就是：刻苦练习；成功的要素在这个阶段变得简单明了。还有一点是，那些顶级演奏家，他们练琴不只是比别人更加努力，而是比其他人努力十倍，甚至百倍。

一个人在学习的过程中，要完美掌握某项复杂技能，就要一遍又一遍艰苦练习，而练习的时长必须达到一个最小临界量。事实上，研究者们就练习时长给出了一个神奇的临界量：10 000 小时。

就定量分析而论，身边类似的事实俯拾皆是。例如，作家张恨水之所以著名，与他创作超过 3 000 万字的作品不可分割；"人民艺术家"王蒙的成功，与他几十年来写作了超过 2 300 万字作品的辛勤耕耘密不可分；翻译家林少华的成名之道，与他几十年专注于村上春树作品的翻译，并出版近百部作品紧密相连；作家叶永烈的名气，是以写作字数超过 2 600 多万字为基础的；屠呦呦获得诺贝尔生理学或医学奖，源自幼年的海量阅读，奠基了其超强的阅读力和思维力；从码头工人成长为"抓斗大王"的包起帆，自 1978 年到 1992 年，沉浸发明工作 14 年，用功远远超过了 10 000 小时；"发明大王"爱迪生的一千多项发明，与其严格自律的"日读三书"呈显著的正相关，就阅读时长而言，远远超过了 10 000 小时。

无论是作家、艺术家、工匠，还是科学家，所有成功人士无一不是多读、多做、多思的"劳动模范"。我们最容易看到他们成功的光环和鲜花，而他们过程中几十年如一日、超过一万小时专注付出的辛劳和汗水，有时被"天才"的光环所遮蔽，不为常人所关注。这些古今中外的先进、模范和典型，一而再，再而三地印证了"10 000 小时法则"的威力，还"数字化"演绎了"用进废退"进化论之公理。

隔行不隔理。迁移至阅读，"10 000 小时法则"就为阅读定量研究提供了更为直观、形象、量化的理论支撑和实践借鉴。基于上述诸多认识，本科生定量劝读及其思考，就这样于 2005 年悄然启动。

定量管理小试验

因为头脑中始终藏着一个定量研究的问题挥之不去，所以在日常生活中自觉或不自觉地尝试着各种定量化处理操作。其中，处理孩子成长过程中的一些琐事，就是我充分践行的大好时机。这种简便易行的定量操作，可以有效地减少"亲子对立"行为，尤其是孩子在叛逆期更见成效；或殷鉴家长和孩子减轻对立、变对立为统一的有效选择。

首先，督促孩子练习吹奏竹笛，每天完成一小时定量，检查落实受启发。孩子读小学时，课余学习吹竹笛，由我负责周末送孩子去学，一周上一次课，老师规定下次学新课前先还课，还课不合格，不上新课。还课的定量，就是孩子每天至少练习吹奏一小时，要家长督促执行。虽然我不会吹竹笛，也不懂其他乐器，但不影响我监督孩子完成定量吹奏练习，每天一小时，很好计量。开始几年都比较顺利。由于吹奏曲目难度较低，加上新鲜感还没过，所以初级阶段时，父子不至于产生严重对立。我只要稍微提醒一下，一般孩子都高高兴兴地，执行得也算顺顺利利，还课、考级也都是一次过关。

后来情况就渐渐变了。随着学习曲目难度的增加，尤其是进入考中级阶段，在督促与反督促的过程中，父子间可谓是斗智斗勇——客厅的石英钟，成为父子俩一小时内紧紧盯牢的共同"目标"。一直练习某一曲目，可以想象得到这种枯燥，但是谁的进步不是这样练习所得呢？孩子的反抗，是无声的，却是有形的。一会儿从房间里出来喝喝水，一会儿跑去上个厕所，一会儿跑到客厅来看看时间，反正他想尽一切办法，盼望着一个小时的定量早点完成。孩子亲耳听到了老师布置的回家作业是每天一小时，给他加练任务是绝对不可能的，能够打折扣就上上大吉了。孩子曾经提出放弃考级，我不同意，主要是从培养意志品质方面考量，碰到困难就放弃（考级），这样一旦形成习惯，以后将一事无成。

在高考完的那个暑假，我建议他重新拾取竹笛来，练习一两支曲子，为上大学后的迎新晚会之类活动准备一个节目。他愉快地接受了，暑假里竟然练习了不少曲子，几乎将之前吹奏过的曲子都吹了个遍，到校后顺利地进入了校民乐团，开始了他丰富的校园生活。试想，放弃了当初的定量吹奏坚持，会有今天的收获嘛！

其次，用朗读的遍数来置换背诵古文的目标，孩子自我落实和检查受启发。小学生、初中生在语文学习中，背诵课文或者古诗文，是经常性的作业。偶尔，家长还想给孩子加点码，尤其是在上海这样的一线城市，本人有时也难免俗。我是这样"智慧"操作的：为了减少父子对立，我用朗读的具体遍数来"落实"背诵这个目标任务。根据熟读短篇文言文15遍左右基本可以达到背诵的程度的判定，我指定短文，规定朗读15遍，并且指导他用画"正"字笔画记录朗读遍数的方法，读一遍画一个笔画，画完三个"正"字就算任务完成。这样布置学习任务，即使是加码也能一路畅通，基本上屡试不爽。

常见家长抱怨，为了好成绩加码给孩子报辅导班，认为加了码必然出成绩，结果往往事与愿违。究其原因，其中之一便是部分孩子在学习中，因为任务目标未能有效量化，孩子做得越快，家长加码越多，孩子一旦发现掉入了这个无休止的"被加码"怪圈，选择的反抗方式自然就是消极怠工：慢慢做，能拖则拖。其结果不仅降低了学习效率，而且养成了做事宕期的坏习惯，从而陷入越使劲，效果越是适得其反的恶性循环之中。

最后，反思孩子虽然认真背诵却默写成绩不理想，深层原因并不简单。不少家长可能都有过这样的经历：老师布置背诵诗文，孩子回来也确实背过了，而且还有家长签字环节，但是针对背诵内容的测验，成绩却差强人意。老师可能点名批评了测验成绩较差的同学，孩子觉得委屈；回到家里，还被不明就里的家长批评不认真背书，孩子肯定觉得很冤枉。为什么会出现这种情况呢？

一般而言，针对背诵过的诗文进行测验，大部分孩子成绩都不会差，少部分孩子的测验成绩不理想。对于后者而言，因为背诵是输入，默写是输出，两者的机理不完全一致，不能简单地画等号，其中涉及"转换"的诸多具体细节。背诵（输入），侧重口治和目治；而默写（输出），侧重目治和手治。背诵的测验，不是口试，而是采用了默写这一笔试形式，这样口试会念的内容，并不必然都会写，而且会写得正确，笔画不错。默写中有些字不会写，写得不熟练，写错了笔画，扣分后的总分却用来测量背诵任务完成质量。现实中一般难以就此作细致分析，而容易将复杂问题作简单化"迁移"，这就是孩子被冤枉的真实原因。如果教学过程中，未能较好地处理和解决，孩子就容易产生挫败感，多次受挫后，对学习的兴趣就会下降，长此以往，就可能因为这样简单化的"小失误"而误伤孩子，甚至毁了一个孩子。

阅读是一个复杂的、综合性的学习过程，定量不可能涵盖所有的部分，因此，笔者侧重阅读的定量研究，但是不忽视阅读的定性研究。因此，本书专辟第二章来定性地谈"阅读力要素：习惯目的及其他"，降低陷入机械唯物论的风险。

目标细分新启迪

笔者曾经看过这样一则管理学案例，并且给我留下了深刻印象，对我深入思考如何化繁为简、分解目标产生过积极的影响。故事是这样的：

一位选手 S 连续多次在国际马拉松赛事中夺冠。当记者请他谈比赛经验时，他几乎重复说这样一句话：凭智慧战胜对手。马拉松赛是体力和耐力的运动，更多地依靠选手身体素质尤其耐力，爆发力和速度等都还在其次，要说用智慧取胜，很容易让人产生牵强之感，不少人都认为 S 选手在故弄玄虚。

在又一次国际马拉松邀请赛中，S 又获得了冠军。当再次听到 S "用智慧战胜对手"的回答后，记者没有就此罢休，而是进行了深入采访，最后终于揭开了 S 屡屡获胜的秘密：原来每次比赛之前，S 都要乘车把比赛的线路仔细地看一遍，并把沿途比较醒目的标志画下来，比如第一个标志是一家银行；第二个标志是一棵大树；第三个标志是一座红房子……这样一直画到赛程的终点。比赛开始后，S 就向第一个目标冲去，等到达第一个目标后，S 又向第二个目标冲去……42.195 千米的赛程，就被 S 分解成这样若干个十分具

11

体的小目标，从而帮助他轻松完赛，最终夺冠。

S坦言："起初并不太懂这样的管理之道，而是把目标定在40多公里外终点线上的那面旗帜上，结果跑到十几公里时就疲惫不堪了，被前面那段遥远的路程给吓倒了，成绩自然可想而知。"S说出了一个心理学实验的结论：当人们的行动有了明确目标，并能把自己的行动与目标不断地加以对照，进而清楚地知道自己的行进速度和与目标之间的距离，人们行动的动机就会得到维持和加强，就会自觉地克服一切困难，努力达到目标。

现实的确如此，要达到目标，就要像上楼梯一样，一步一个台阶，把大目标分解为多个易于达到的小目标，脚踏实地向前迈进。每前进一步，达到一个小目标，就会体验到"成功的喜悦"。这种"感觉"将推动人们充分调动自己的潜能去进军下一个目标，如此，最终自然抵达目标。

读罢这则管理案例，"盘点"自己的生活经验，平心而论，日常做事容易半途而废的原因，往往不是因为难度较大，而是觉得成功（目标）离我们相对遥远。确切地说，我们不是因为失败而放弃，而是因为倦怠而失败。

这则"管理"案例带给人们的深刻启示，无疑是量变引起质变的现实应用版——若能先将成功（大目标）一点点分解，虽然每次收获的只是微不足道的一点点（小目标），但是一次又一次的（反复）积累，却奠定了大目标最终实现、获得圆满成功的坚实基础。

学海定位：优化点燃，校正航路

我国具有尊师重教的优良传统，在漫长的封建社会，受教育人群偏少，精英教育模式客观上加剧了"教师中心""教师权威"的观念，在普及教育的当下，简单地沿用"经验"，不可避免地产生负面影响：在教学过程中，学习主体的学生定位比较模糊，学生在学习中的主动性发挥得很不够，灌输多，启发少，"要我学"多，"我要学"少，源远流长的"因材施教"教学法在现实中成为奢侈品——旧时王谢堂前燕，不入寻常百姓家。笔者曾经的心路历程，就是其中的一个缩影。

点燃火焰减灌输

20 世纪 80 年代中期，笔者成功跳农门，进入师范院校学习。其时将失去的时间夺回来的世风正盛，全社会的读书热情如火如荼。言犹在耳的是当时校园劝读的经典语句："要给学生一杯水，先要准备一桶水。"至今还清晰记得图书馆墙上悬挂的劝读诗："半亩方塘一鉴开，天光云影共徘徊。问渠那得清如许？为有源头活水来。"

笔者初次走上中学语文教师岗位成为青年教师，第一次直面"如何教"，下意识地检索出来上述记忆。面对如何上好语文课，自持胸中有底：想自己，当学生听过十多年语文课，依样画瓢总会的；读大学受过语文教材教法（后称"语文课程与教学论""语文教育学"）的专业训练，认真备课，清楚上课的程序和套路；当实习老师，经过"实战"磨炼，在课堂上教过不少课文篇目；还有，自己当学生时语文考试成绩一直不错，读过一些书，有一定的语文功底，上好语文课应该是三个手指捡田螺——稳稳的。回顾当年自己做语文老师，当时关注课堂多，涉及课外少。这样教了一段时间的语文，就教学理念而言，显然还停留在"经验型"阶段，而且是狭隘的经验型——重课内轻课外，重教轻学。

后来有机会攻读课程与教学论（语文）硕士学位，再次直面"如何教"，有幸接受高站位、宽视野的理念，并渐渐入脑入心地将之引入教学的思考。"回归"中学语文教学与研究，作为一个"旁观者"来重新审视语文教学，陶本一教授给学科教学论专业的硕士生讲《教育——财富蕴藏其中》课程，讲核心内容的"四个'学会'"，即被喻为"面向21世纪教育四大支柱"的"学会求知、学会生存、学会做事、学会共同生活"，彼时并不为多数人所知晓。殊不知，这份1996年4月向联合国教科文组织提交的"最后报告"，现在见于最早的正式出版物也已经是2001年4月。我有幸于1998年聆教于陶先生高站位、宽视野的讲授，引领我将学科教育研究（语文）思路置于21世纪人类发展的宏阔背景之中，高屋建瓴地重新审视语文教学的诸多具体问题。看似"无用"，实则"大用"，实乃大音希声、大象无形，不易为常人所觉察，却在我心中埋下了"学科教育要服务学生终身发展"的种子。

"不谋全局者，不足谋一域。"在之后20多年的学术研究和教学历练中，我不断深化对上述"'无用'之用"的理解，叹服于先生树立的"标杆"。我本人更是尽量以此为悬格，审视和研究语文教学的具体问题，立足用"学会学习"的理念来设计和开展教学活动，激发和点燃学生的学习潜能，受到不少学生的认可和欢迎。

因为教育杂志编辑和记者的身份，我又一次思考"如何教"，近距离地见识了先进的教学设计和处理。笔者有机会站在更高平台、更广视阈审视上海基础教育、高等教育乃至成人教育的全局，广泛接触上海市普教界、高教界的各级各类教育工作者，以及各门学科的优秀教师，不仅结识了像于漪、陈钟樑、方仁工等为代表的优秀语文教师群体，而且走近了他们的语文学科教育的丰富实践，深化了对他们在教学实践中所秉持先进教学理念的内涵理解，开阔了我对语文教育目标和任务、课程设置、教与学的关系、课内和课外等方面的认知，包括我对课外阅读与语文能力形成的重要价值的理解。

攻读课程与教学论（语文）博士学位期间，因为定下"吕叔湘语文教育思想研究"的选题之故，我再次系统思考"如何教"，坚定学生的主体和中心地位。在反复研读、全面把握吕叔湘"两个'必须认清'"之"根本问题"的基础上，纵向比较陶行知和吕叔湘"教学教学，教学生学"的论述，横向比较叶圣陶"教是为了最终达到不需要教"，区分两者之间的同中之异、异中之同，联系自身"教""学"语文课程的直接经验，细致区分教学过程中有关"教"和"学"的环节，以及在教学过程中的角色定位、角色差异、辩证关系等。进一步明确：教师既要敢于教，又要善于教，不因某一似是而非的思潮而缩手缩脚；又更明白：教是手段，不是目的，教更不能越俎代庖，最终要服从和服务于学生学的目标、任务和效果。

尤其是吕叔湘的"要因势利导"和"发挥学生学习的主动性"等论述，与苏格拉底的"点燃火焰"论异曲同工。吕氏认为：

教师培养学生，主要是教会他动脑筋，这是根本，这是教师给学生的最宝贵的礼物。就是给他一把钥匙，他拿了这个钥匙能够自己开箱子、开门，到处去找东西。你不给他这把钥匙，那有多少宝贝他也没有法子拿到手。（吕叔湘《谈谈语文教与学的关系》）

吕氏强调，要设法"点燃"学生的学习发动机，而不是靠教师在学生背后去推。在教学过程中要注意激发学习主体学生的主观能动性，简而言之，就是变"要我学"为"我要学"。

有个比方很好，就是要把学生教得像海绵一样，放在水里就吸收水，放在酒里就吸收酒，因为它到处是空隙，往哪儿都能吸收。这种学生哪怕在学校里学到的知识不是很多，但是他有吸收知识的能力，将来能时时吸收，前途无量。假如我们不是把学生教成一块海绵，而是教成一块橡皮。放到哪儿它也吸收不进去，你在橡皮外面涂上一层东西也无非就是那样，它还会慢慢地往下掉。我们一定要把学生培养成为能够自己随时随地吸收知识的那种人。这个比喻还是不够好，光有很多知识也还是不够，还要把知识化成能力，就是能活用，这就叫做能取得主动权，而且是一辈子取得主动权。决不能把学生弄成一块橡皮，或者一块木头。这恐怕是我们教学方面的一个大问题，也不光是语文课，也不光是中学，从小学一直到大学都存在这个问题。我们总得朝这个方向努力，就是把学生教活，教成有吸取能力的人。（吕叔湘：《关于中学语文教学问题》）

教师多一些"点燃"，少一些"灌输"，反而因为激活了学生学习的主动性、积极性和创造性，冲破了第一课堂的阈限，进入到第二课堂、第三课堂广阔的学习新天地，而收事半功倍之效。

囿于课堂难如意

笔者2005年教授本科生"大学语文"课程，开始在教学中尝试定量劝读，同时迈开了定量研究及其劝读实践探索的第一步。

首先，笔者与同仁全身心地投入备课、授课等教学活动中，特别重视语文课外阅读活动的组织和指导。利用"大学语文"课程获得上海市本科重点课程建设资助的契机，对第一课堂和第二课堂进行了整体设计，扎扎实实地开展课内、课外有机衔接和融合的教学改革。如与校园文化建设相结合方面的改革：一是，大学语文学习与校园读书节相结合；二是，大学语文课堂学习与课外人文系列讲座相结合；三是，大学语文教师讲授与学生研究性自主学习相结合。

其次，还开展了"多元需求"下的几轮《大学语文》课程建设，并取得了以下四个方面的阶段性成果：一是，变局限于一学期的课程教学为服务学生在校四年的立体学习；二是，变局限于一本教材为以教材为主、拓展课外阅读与语文课外活动结合；三是，变语文课上"等""靠""要"的被动局面为策划性开发、主动出击；四是，变一门必修课为必修、选修、活动多门课的衔接、拓展与延伸。

如果说中学生的学习是"一本书主义"，那么，本科生的学习就一定要完成到"多本书主义"的转变和提升。笔者在课程教学中始终注重引导本科生多读书、读好书，而且帮助学生认识、掌握与本科生学习相匹配的主题阅读方法，以及完成相关的日常训练。结合职业生涯规划，我建议本科生入学即明确四年的奋斗目标，就阅读而言，建议定一个"本科生读 500 本书"的目标（参考俞敏洪读北大时，本科生平均读书 500 册）。我以为，本科阶段阅读，不仅仅是简单的读书数量的线性增长，而且包含着读书层级在内的不断提升，最终要包括阅读方式在内的学习方式的快速跃升。

再次，通过与同事的共同努力，上述课程教学的探索和实践对于塑造本科学风确实大有裨益，效果也是比较明显的。同时，也隐隐地感觉到，在本科生阅读量的增加、阅读习惯的养成、阅读能力的提升，乃至学习方式的转变等要素中，信心是影响读书效果的"短板"。

最后，这种粗放型的"弱劝读""泛劝读"的状况就这样持续着。时间悄然而至 2009 年，一个偶然的机缘，让我触目惊心于大学生的课外阅读情况：本科生的她，屡获奖学金，阅读量却畸少——课外阅读量一年只有三本书，而且她并未意识到这是读大学的非常态。

更警醒我的是，这种情况不是个例，而是在校园内具有相当的普遍性。

定量研究自岿然

屡获奖学金的本科生阅读量畸少事件，对我触动极大。毫不夸张地说，足以彻底颠覆当时我对大学教学的全部认知，在我的内心掀起巨大波澜。

自 2005 年的本科生定量研究及其劝读实践，不仅未有大的进展，甚至几近败走麦城。不过，我并未就此止步，而是对"本科生四年 500 本"的劝读定量指标进行了全面反思。

从研究方法的视角而言，定量研究和定性研究都是科学研究的方法，是从不同的视角来对研究对象开展研究的；暂时碰到的问题和困难，不是研究方法的问题，而只是资料匮乏的问题；它滞缓了研究的进程，需要有突破，这个突破又极其艰难。可以选择放弃，也可以选择继续研究、深入研究。笔者选择后者，并且认为：自己至少可以做一些阅读定量研究的准备工作，为后来者探探路。从科学精神而言，还是有相当的价值和意义的，即使失败，所留下的经验教训也可为后来者铺路。

主观而言，教师应该立足本职长善救失。本科生延续着中学学习方式，而浑然不知课外阅读在大学学习中的地位和价值，既有学生的问题，教师恐也难辞其咎。笔者作为一线语文教育工作者，受过"语文课程与教学论"教育的长期浸润，有责任和义务对此进行实践和展开研究。

阅读定量研究，是多年来横亘心中的一个结，这个结既是挑战，也是机遇。占语文教学半壁江山的阅读，就语文课程与教学论而言，无论是小学、中学，还是大学语文教学，对其教学与研究都占有重中之重的地位。本人通过对吕叔湘语文教育思想的梳理和研究，包括对课外阅读在内的经典论述，以及"吕叔湘之问"、语文教学的科学化等重要命题的关注和研究，进一步意识到，阅读定量研究不仅十分必要，而且十分艰难，这些工作具有相当的开创性，选择了它也许就意味着选择了筚路蓝缕。

愈挫愈勇，方显本色。回顾自己研究"吕叔湘语文教育思想"选题的经历，面对当时少人问津的选题，分析资料匮乏的客观原因，迎难而上，攻书不辍，化危为机。在导师的指导下，我一点一滴地积累，通过几年的沉潜，最终完成了一篇受到赞赏的学位论文，并且获得资助出版。

阅读定量研究数据和资料的匮乏，固然给开展定量研究工作带来了巨大的困难，但是辩证地说，也是一个机遇，说明这是一块尚未开垦的处女地，实在大有开发、挖掘的必要。而且全民阅读的时代背景，使得其开发和研究具有更为广泛的应用前景。就研究精神而言，应做到阅读定量研究功成不必在我，但是功成必须有我。

吕叔湘1979年有关国外高校学生阅读量大的描述，增添了我投入阅读定量研究的紧迫感：

外国的那些大学里头，特别是当研究生的，老师给你讲那么一次以后，开一个很长的书单子给你，三十本，五十本，要你看。一门课是这样，两门课加倍，三门课三倍。如果一个字、一个字看下去，这个速度，一个学期只能看个三本、五本。那些老大厚的一本一本的东西，你一定得在有限的时间里头，把大量的需要读的书都读了。（吕叔湘：《关于中学语文教学的种种问题》）

"本科阅读500本书"的定量指标，是拿来主义——直接取自俞敏洪回忆读北大本科阅读量的平均值，劝读的效果不明显，必须进行全面反思，重新核校"本科生500本阅读量"目标这个数据的科学性、合理性和可行性。于是，我开启了调研海外高校学生阅读量数据，校正我校本科生阅读定量数据目标的扬帆之旅。

功夫不负有心人。几年来收集到的一组海外高校学生阅读量数据，不仅让我兴奋，而且加速了我反思自己定量研究的进程。

进入美国大学后，你会发现，学业很繁重，一门科目一周的阅读量往往是四五百页，如果有三科，那就接近2 000页。（张瑜芳口述：《斯坦福妈妈告诉你，"名校"到底要什么——你愿花时间在没有回报的事上吗？》，《文汇报》2012年11月3日）

这是斯坦福大学校友面试官、UKEAS诺思留学特约顾问张瑜芳亲口所说。

美国本科生和研究生课程，一般是每门课一周一书的量。（《经典阅读是全球化时代的选择》，《文汇报》2013年7月4日）

这是纽约大学比较文学系教授、东亚系主任张旭东在《经典阅读在全球化时代的大学》演讲中所讲的内容之一。

从上述阅读量数据，可以作出这样的判断：美国重点大学的学生阅读量每天不少于 300 页。但是，毕竟重点大学和非重点大学有别，其学生的学习能力、起点基础等不完全一致，应该区别对待，这就需要进一步深入调查海外非重点大学学生的阅读量数值。

事有凑巧，2014 年搜集到的信息，让我有了更多的数据支撑。一是，来自同事王教授的转述；二是，来自自家孩子的留学反馈。

同事王教授之女王小妞（化名）就读美国新罕布什尔大学，王教授告诉笔者：女儿就读该校金融本科专业，学生一门功课的学习量是每周阅读不少于 300 页，并需要写 1 篇论文，课堂上讨论要踊跃发言。

询问就读于英国南安普敦大学"2+2 项目"经济学本科的犬子，其课程阅读量是多少，他回答一般每学期有四门课程，平均每周每门课程阅读量 200 至 300 页。他的明显感觉是，读国外大学比读国内大学累，他形容自己读外国大学有时累得吃不消。他的回答不仅消除了家长对他学习不努力的担心，转而特别注意经常给他减负，提醒他多注意休息，要劳逸结合、吃好睡好，以免影响休息、影响身体、影响持续学习。后来，他申请攻读曼彻斯特大学经济学硕士学位，每门课程的阅读量都在 300 页以上，比在国内读大学辛苦多了。

基于上述一组海外高校学生阅读量的调查数据，回眸前一轮在本校的粗放型"弱劝读""泛劝读"状况，虽然采用了定量劝读，结果却是铩羽而归，其中的原因可以归结如下：

一是，盲目照搬精英教育阅读指标。取自俞敏洪回忆文章的 500 本阅读定量目标，是 20 世纪 80 年代北京大学本科生阅读量指标，没有充分考虑到非重点大学本科生的起点差异。

二是，语文课堂上的积极倡导，就范围而言还比较窄。涉及学生数量十分有限，其影响面自然比较微弱，延伸和拓展至第二课堂、第三课堂阅读的时空还需要大力提升。

三是，督促实施不力，"放羊式"倡导，无检查督促。由于大班教学、课后疏于检查和督促等因素，学生是否真的听进去了，反映在阅读实践中又有多少，就不得而知了。

四是，"书香校园"的氛围不浓厚，未能引起学生足够重视。语文学习的主体毕竟是学生，仅仅依靠来自教师的外力推动，激发学生学习的内生动力不够充分，调动学生学习积极性的方式方法还比较单一，效果肯定是要大打折扣的。

一周一书：筑路书山拾级之梯

坦率地说，前述四个方面的自我反思，其进程不是完全同步的，而是先后有别：因为搜集到了一组海外大学生阅读量的数据，直接支撑了前两方面的集中反思；我曾经疏远了语文教学岗位一段时间，从其他侧面获得了一些与阅读看似不直接相关的信息，并且从中受到启发，形成新知，不仅加速了我对后两方面问题的反思，而且增强了反思的深度和广度。

行有不得，反求诸己

"行有不得，反求诸己"出自《孟子·离娄上》，意思是：（如果）行动没有达到预期的效果，就应该反省，从自己身上找原因。

"本科生定量 500 本"的劝读计划折戟沉沙，笔者反躬自问，除了作横向比较、借助调研国外大学生阅读定量外，我还开展了相关的纵向比较思考。因为参与本校"十三五"期间事业发展规划制订工作，有了对我国高等教育发展作一次系统梳理的机缘。

不梳理不知道，一梳理吓一跳。改革开放以来，我国高等教育，尤其是在 21 世纪之初进入了快速发展的阶段。一般来说，高等教育毛入学率在 15% 以下时属于精英教育阶段，15%～50% 为高等教育大众化阶段，50% 以上为高等教育普及化阶段。数据显示，我国高等教育"精英、大众和普及"三个阶段的时间节点是：2001年前，属精英化教育阶段（高等教育毛入学率<15%）；2002—2018

年，为大众化教育阶段（高等教育毛入学率 15%~50%）；2019 年，达到普及化教育阶段（高等教育毛入学率>50%）。

上海高等教育"精英、大众和普及"三个阶段的数据更为"前卫"，早就远高于全国。数据显示，上海市 2002 年高等教育毛入学率为 51%（进入高等教育普及化阶段），次年为 53%，2012 年已经接近 70%。现摘录一段 2004 年 5 月 4 日《新闻晨报》的报道文字加以佐证：

上海市教委主任张伟江在昨天举行的上海教育论坛上透露，2003 年上海高等教育毛入学率是 53%，仅次于加拿大、美国等 7 个教育发达国家，到 2007 年将达到 65% 左右，届时，上海的每一位市民都拥有接受高等教育的机会。

上述信息显示，上海高等教育已于 2002 年进入普及化教育阶段，其高等教育毛入学率已经达到发达国家水平。上海商学院是一所非 985、非 211 的上海市属本科高等院校，最新的说法是非"双一流"建设高校；就招生批次而言，属于二本院校。即使面向全国招生，非上海生源的录取分数要超过当地一本线，但是就学生层次而言，与重点大学生源的起点还是有相当的差距，尤其是与"清、北、复、交"这样的全国顶尖大学的生源起点相比，更是差距明显，更不用说与 1980 年代北大本科生的起点差距了。

有鉴于此，简单地将 1980 年代北大本科生平均 500 本的阅读定量数据，作为上海商学院本科生的阅读定量参考，是削足适履。

显而易见，前者是精英教育阶段的阅读实践，后者是普及化阶段的阅读可能，真是不可以道里计。

扪心自问，阅读定量及其劝读的方向无疑是正确的，但是因为阅读定量指标脱离了实际，最终无果而终。不自觉地犯了刻舟求剑、胶柱鼓瑟的错误，将高等教育精英教育阶段重点大学的阅读定量指标，照搬到了高等教育大众化阶段乃至高等教育普及化阶段的一般院校。那么，类似于上海商学院的高校本科生的阅读定量多少才是合适的、科学的、实事求是的呢？

一瓢冷水，浇醒了我的头脑，也激发了昂扬的斗志。自 2006年以来我国倡导全民阅读，全社会开始更为广泛地关注阅读及其相关问题，一份艰巨的重任又摆在了语文教育工作者面前，即加快解决全民阅读人口阅读素质的增量问题，进而逐步消化全民阅读人口阅读素质的存量问题。

笔者 2016 年履新上海商学院文法学院，语文教师和文法学院院长两个角色合二为一，为探索阅读定量及其劝读创造了更为有利的条件。

当年 9 月迎来第一批子弟兵，我满怀信心逐班召开座谈会，推心置腹地谈树立阶段性目标，谈多读书夯实基础。也许是履新当年，我已过知天命之年的缘故，暂时没有提出具体的阅读定量，而是强烈地吹奏了一曲引导和指导学生多读书的进行曲。其力度之大，有新生的慨叹为证："院长就像我们的高中班主任。"

新生入学之初，笔者先后与学生多次座谈、单独交谈，引导他们走出宿舍，结伴去阅览室，多看书，尽量少刷屏、少追剧，甚至还"飞行检查"过学生宿舍。

一周一书，劝读涅槃

经过一个学期的"劝读"，同学们自律执行情况怎么样？效果如何呢？

2017 年 3 月，笔者执教新生导航课时，调查同学们一个学期来读了几本课外书。调查结果不是惊喜，而是惊吓：最少的 0 本，大部分学生只读过几本书，多的也不过 10 本左右。我的量化劝读"再秀"二度触礁，一学期后的"回课"让我始料未及、大失所望。

所谓知天命，就是要顺势而为。当时，我并没有批评同学们，而是立刻调整思路和策略，请同学们自定阅读总量指标，于是，围绕"本科生应该读几本书"进行了当堂的深入讨论。

我与 20 多名法学 2016 级本科生进一步探讨："你们可以接受一年读几本书？"学生们各抒己见，虽然各人报出的数字有多有少，但比较集中认可的是：大学生一年应该读 50 本书。

集纳同学们的意见，最终明确本科生阅读定量：一年读 50 本书。据此推算，本科阶段阅读总量为 200 本书。

与此同时，吸取弱劝读阶段的"教训"，开始了起步"逼"的强劝读具体"探索"。我对本科阶段 200 本阅读总量进行了"深加工"：（1）年均读 50 本书，一周读一本，一天读 50 页；（2）先点上试读，再面上推开；（3）强化自律，辅助他律，养成习惯，终身受益。

一年有 52 周，一年读 50 本书，不就是一周读一本书吗？于是，我的脑海里突然闪出了"一周一书"这个词。进而明确，每天坚持读 50 页书，按一般的阅读速度，所需个把小时，一周用六七个小时就可以读完一本 300~350 页的书。

最终同学们基本认可"一年读 50 本，可以而且应该读完"的愿景。200 本——上海商学院本科生四年的阅读总量指标，新鲜出炉了。因为一年 52 周，乃名之"一周一书"，并细化到每天 50 页，引导和督促同学们日常阅读自律，助益养成优良阅读习惯。

后来有记者采访我"一周一书"名称的由来，我用阿基米德浴缸顿悟的故事作答："虽然只是在坐进浴缸的一刹那灵感闪现，事实上却是阿氏长期苦苦寻求测定皇冠体积之法的必然结果。"我当时头脑中"一周一书"名词的灵光乍现，是多年来对阅读定量研究及其劝读有效路径实现思考的结果，"一年读 50 本书"的念头只是点燃烈焰的那根火柴而已。

定名"一周一书"的量化劝读活动，就这样在上海商学院文法学院悄然启航了，首航时间在 2017 年 3 月中旬。

为了行稳致远，推出改革措施前，一般都要在小范围做试点，以获取经验、修正偏差，为面上的大规模推进打前站、做充分的测试，然后对试点阶段进行全面总结，确保大面积推广试点起步稳妥，避免冒进。从 3 月 14 日开始，笔者选择了社工 152、社工 161 两个班级的 78 人，启动了为期一个月的"一周一书"试读活动。

一个月试读，大部分同学都能做到"一周一书"，而且，最先对于这个定量的"抵触"情绪也大为下降。总结表彰会上，诞生了

"周一书"雅号（参阅本章"不废领读：忝艺痴者技必良"一节），以"一周一书"为推广口号，向文法学院大一、大二、大三学生全面铺开，相关的读书活动和劝读创新之举渐次推出，不断渗透到校园阅读的方方面面、角角落落，营造浓浓的读书氛围，保驾护航学生的阅读活动和阅读行为。

蓬生麻中，不扶自直

"蓬生麻中，不扶自直"，语出《荀子·劝学》："蓬生麻中，不扶而直，白沙在涅，与之俱黑。"意思是说，蓬草夹生在大麻之中，无须扶持，自然挺直；白色的"纱"和矾石放在一起，会染上别的颜色。比喻良好的环境能对人产生积极的影响，处在污秽环境里，也会随着污秽环境而变坏。阅读亦然。

"院长，我喜欢读书，也想读书，但是同宿舍的同学冷嘲热讽，让我无所适从。"这是笔者履新文法学院之初，一位喜欢读书的本科生发自内心的"吐槽"，给我描绘出了校园阅读生态环境的一个侧面。

这次的师生谈话，再一次警醒我，如果不能让多读书、好读书的正气张扬，而让少读书、不读书的不良风气占了上风，那么，无论劝读的初衷多么美好、远景多么美妙，所有的劝读努力都将被淹没，被抵消，最终复归沉寂。

"一周一书"，始于阅读定量研究及其成果——本科生阅读定量指标 200 本，但绝对不能止于定量研究，而必须继续前行，致力并实现定量研究的"成果转化"——吹响"一周一书"校园劝读实践的集结号。

"持续鼓吹和推广'一周一书'"行动，是"本科生阅读定量指标"从研究成果（理论）转化为阅读行为（实践）的重要环节和推动抓手，既包括从"知"到"行"环节，也包括从"行"促"知"环节，还包括"知行合一"环节；既包括"书香文法"的阅读小生态建设内涵，也包括"书香上商"的阅读中生态建设内涵，还包括与"书香社会"互动互促互塑的阅读大生态建设内涵。

为了攻克阅读力培育的难关，建立和健全长效机制，必须注重将培养"自律"和辅助"他律"有机结合，强化转变"要我学"为"我要学"，从而降低反感、弱化抵触，将"一周一书"落细落小落实，并在良性循环的轨道上运行。

我们尝试了以"双'亮'"（习近平语：点亮理想之灯，照亮前行之路）为理念，以构建和夯实"书香学院"为载体，以"一周一书"自律阅读为抓手，构建"一周一书·7J"他律的长效机制，增益学生乐阅读、善阅读和长阅读的良好习惯。

"一周一书·7J"持续营造"多读书、读好书、好读书"的阅读环境，彰显课堂、班级、网络、支部、社团、宿舍等的育人功能，越来越多的学生被吸引并汇入到"书香文法""书香上商"的阅读行列中来。

"一周一书·7J"他律，主要包括：进课堂、进班级、进网络、进支部、进社团、进宿舍、进头脑。

"进课堂"　首先是进必修课堂。必修课"大学语文"任课教师将阅读方法及其指导等作为课程教学的重要内容，结合本科骨干教师激励计划实施，将第一、第二课堂的读书活动落地，并作为课程成绩的一部分。其次是进选修课堂。开设选修课"'一周一书'导读""学习与心理""大学写作""论文写作"等，满足不同层次学生提升阅读能力的多元刚需。再次是进活动课堂。组织与指导系列读书活动，将第一、第二和第三课堂有机衔接。

"进班级" 以班级为单位，广告学、法学、社会工作三个专业的大一、大二、大三学生，以及少数民族预科班的近 20 个班，每位学生人手一册"一周一书"读书笔记本，专业教师和任课教师结合课程讲授并推荐阅读，定期抽检学生的读书笔记，检查其阅读数量、监控阅读质量、督促阅读进度、监督阅读过程，指导班级定期开展深度阅读、主题分享活动等。

"进网络" 充分利用"微言文法""红动文法""海上人文""广象视界"等微信公众号，推送读书动态，推荐书目、方法介绍、阅读人生等关联阅读的内容，自"一周一书"活动推出至今已经连续坚持 5 年不松懈。同时还打造了"大雨读书""校庆征文""克期读""百·读不厌"等若干专题，运用大学生喜闻乐见的网络新媒体，不仅介绍和营造了本院与本校的读书活动、举措和氛围，宣传了"一周一书"品牌，并增强了品牌的知名度和美誉度，而且使"一周一书"品牌成为"书香文法""书香上商"的标志性成果。

"进支部" 以本院 6 个党支部、21 个团支部为单位，师生党员和入党积极分子带头，团结和带动教师、团员、青年等，侧重读红色经典，结合"四史"教育学习活动等，创党（团）支部特色阅读项目（品牌），奠基整合院党校、院团校等资源的"香斋书院"建设。

"进社团" 引导和指导学生社团开展共读和主题交流活动。除直接指导本院一周一书社、泮林革音读书会、上商申音社等所属的15个社团（社员来自全校各个学院）外，还组织本院教职工积极参加"校教职工读书协会"的定期活动，率先垂范并参与指导本校诸如"书香驿栈""悦读书友社""叶辛文学社"等数十个社团的阅读活动，指导和帮助社团开展定期的共读和交流，渗透学生社团的日常活动，创新和深化社团内涵建设，增益社团的建设质量。

此外，一周一书社举办的"觅音读书沙龙"，采取固定时间、固定地点，以学生读书和分享为主的模式，收到良好效果。（参阅本章"声和响清：阅读共同体胖了"）

"进宿舍" 借助本市高校宿舍"6T"创建契机，软装将"一周一书"植入学生宿舍，尤其包含阅读功能的宿舍一楼多功能室，进一步缩短了学生与阅读的距离——方便学生足不出户获取书籍，小范围进行读书交流。截至目前，"一周一书"项目先后参与了6幢学生公寓楼的"6T"创建，占学生公寓楼的50%，其中，"五星示范楼"4幢、"四星示范楼"2幢，结合"香斋书院"社区建设项目进一步扎实深入宿舍。

"进头脑" 一是日常以"觅音读书沙龙"、征文比赛、优秀读书笔记遴选等常规项目为依托，定期向校报、校园网、微信平台等投稿、推送。用习作的展示、刊载和推送，肯定学生阅读所得来激发阅读热情和自信，进而借助身边的阅读典型和榜样，促进阅读良性循环和互动互促。二是持续"用项目化推进，抓标志性成果"

推动"进头脑"。例如，以暑期社会实践、"双创"项目、学科素养竞赛、市级及以上竞赛等项目为载体，招募和组合项目团队、配备指导教师，汇集学生读书所得和智慧创新，鼓励和创造条件"托"学生上台阶，使学生在用中读和思、锻炼和增长才干，不断提升阅读层级、拓展阅读深度和广度。

守正创新："一周一书"的前世今生

为了推动"一周一书"的实践，尤其是满足"宣传"上的策略需要时，偶尔使用"首倡"一词时，心里总是惴惴不安。我深知"说有易，说无难"。果不其然，《中国现代著名语文教育人物·夏丏尊》（程稀编著，语文出版社 2021 年版）一书多处提到"一周一书"的实践，证实了之前的判断。多方求证后确认，100 年前的 1922 年，夏丏尊、丰子恺、朱光潜等在春晖中学开展过类似"一周一书"的实践，虽无"一周一书"之名，确有"一周一书"之实。从学校推行阅读这个侧面可鉴，誉为"北有南开，南有春晖"，的确实至名归。

基因传承：百年前实践回望

夏丏尊研究专家程稀编著的《中国现代著名语文教育人物·夏丏尊》一书，在第 12 页、第 172—173 页、第 174—179 页先后记述了夏丏尊（1886—1946）开展"一周一书"活动的基本史实。时间为 1922—1925 年间，地点在浙江上虞春晖中学。

1922 年 9 月 10 日，位于浙江上虞县白马湖畔的春晖中学开办。开办之初，该校即有意识地大力倡导和引导学生进行大量的课外阅读，首任国文教员夏丏尊等人要求"在课外叫学生自己自由读书，做成读书笔记，每星期一缴，由我们作老师的分担批阅"。（夏丏尊《叫学生在课外读些什么书》，《春晖》第十七期）

"白马湖作家群"研究专家朱晓江先生也认为，即使从比较谨慎的角度而言，夏丏尊先生在春晖中学任教期间曾推行'一周一书'活动，也是成立的。尽管它只是夏丏尊等为配合语文教学提出的要求，并没有上升到春晖中学整体的学习要求。因此，虽无"一周一书"之名，确有"一周一书"之实。

该校推行"一周一书"活动一年后，结果怎样呢？就阅读数量而言，学生们都能做到"一周一书"的要求。然而，就阅读质量和收效而言，夏氏在《叫学生在课外读些什么书》中总结道："行之一年，觉得效力很少。"主要存在三个方面问题："学生基础薄弱、缺乏辨别能力、肤浅的阅读"，该文提出了进一步改进的具体措施，确定了调整再试的规划：

本年度开学以后，我们鉴于上年的失败，已议决改变方针，每组各有一教师为课外读书指导，学生所阅读的书，须与指导教师商酌，并订定阅读期间，至期由指导教师命题考验阅读成绩，通过后再换新书阅读，其历届对绩，并入正课成绩计算。这办法，使学生得于在一学期中读毕若干部重要书籍，不至不完卷就半途中止。书的种类，既由师生双方商定，可以适应个人需要，得比较地读于个人有益的书。每书读毕时需经过试验，则学生阅读时自能比较深沉，不致浮光掠影地只注意文字表面。现在需新试行，我们自信却可比去年的自由阅读的方法，好了许多。

于是1923年秋又加以改进：将学生分成小组，各组由一名教师任课外读书指导，师生共同商榷决定所读书目，并订定阅读期限，到期由指导老师考查；通过后继续换新书阅读；历次考查成绩并入正课成绩计算。这个方法带有少许的强制性，使学生能根据个人需要，认真投入地、自始至终地阅读若干有益的重要书籍。

为了增进"一周一书"的读书成效，夏氏对于所读的书目、读书的方法都进行了悉心的指导。如为了落实阅读书目的指导，夏丏尊等专门拟定了详细的书单计84种，包括中文57种，外文27种——供学生选读。有：

《论语》 《孟子》 《老子》 《庄子》 《墨子》 《荀子》 《韩非子》 《吕氏春秋》 《史记》 《汉书》 《论衡》 《史通》 《文史通义》 《文心雕龙》 《近思录》 《传习录》 《明夷待访录》 《说文部首》 《九通序》 《通鉴辑览》 《古诗源》 《唐诗》（选） 《宋词》（选） 《元曲》（选） 《新旧约》 《希腊神话》 《华严原人论》 《佛教大纲》 《法意》 《民约论》 《名学浅说》 《物种原始》 《天演论》 《群己群界论》 《社会通铨》 《共产党宣言》 《一元哲学》 《科学大纲》 《泰西学案》 《清代学术概论》 《宋元戏曲史》 《中国哲学大纲》 《中西文化及其哲学》 《中国历史研究法》 《中国人口论》 《通俗相对论》 《从牛端到安斯坦》 《爱罗先珂童话》 《一个青年的梦》 《现代小说译丛》 《点滴》 《易卜生集》 《工人绥惠略夫》 《隔膜》 《呐喊》 《上下古今谈》 《百科小丛书》（选）

《惜阴英文选刊》（以下英文）　《泰西五十名人传》　《泰西五十轶事》　《小本英文说苑》　《鲁滨逊漂流记》　《格列佛游记》　《海客谈谈瀛录》　《苦儿暴富记》　《莎氏乐府演义》《威尼思商人》　《迭更司文学故事述略》　《郎法罗乐府本事》《藤纳逊乐府本事》　《名人演说》　《名人论说》　《名人述异》　《励志集》　《古史钩奇录》　《美国伟人文选》　《天方夜谈》

Carle's Hero Worship

Dearborn's How to Learn Easily

Sandwish's How to Study and what to Study

Amicis's Coure（英译本）

Addison's Sir Rogerde Coverly Papers

Guerler's The Stories of the Grecks

Clark's The Story of Caesar

上述书目主要包括两个方面：一是"做普通中国人所不可不读的书"，即中国的传统经典典籍；一是"做现代世界的人不可不读的书"，主要是来自西方的优秀著作。从所推荐的书目来看，如《庄子》《中国哲学史大纲》《中西文化哲学》，这些对于本来基础就薄弱的初中学生来说，有着难度，但是他却认为，不能一味迁就学生的程度，为了刺激学生的提高，必须正视书籍的难度。

以国文教员夏丏尊、丰子恺等人为首，在春晖中学几年来的课外阅读，取得了优良的绩效，呈现以下几方面的显著特点：

一是，对课外阅读的重要性认识站位较高。课堂上的阅读是有限的，课外阅读则有更大的空间。在有限的校园生活中，如何让学生突破环境的限制，将视线延伸至校园以外，让心智遨游于无限的知识海洋，在当时春晖中学偏僻的自然条件下，阅读是最有效的途径之一。

春晖中学集合了一批实力雄厚、文化功底扎实、文学才华卓著的教师，又经营着一座藏书丰富、使用便捷的白马湖图书馆，并致力于营造一股清新、平实的文学之风，这些都利于让阅读成为师生们的一种生活方式的助力。

二是，课外阅读的指导有亮点。一方面，各科协作，不分文理。包括国文教员在内的各科教师都重视学生的课外阅读，春晖学人们团结协作，不以文理学科为阈限。如教算术的刘薰宇曾专门撰文《读书法》，强调"为读书而读书"，阐明读书的目的，切实点说就是"人格的培养"，并详细地教导学生分四个步骤、由浅入深地进行阅读。另一方面，教师在读书方面率先垂范。教师们除了进行专门指导，他们本身对读书的钟爱、对阅读的坚持等，成为学生读书的表率。

三是，课外阅读有相当的广度和深度。首先，喜读新书。同学们最爱读《新青年》《创造季刊》和《语丝》周刊等刊物。在茫茫的书海中，对于敏感和好奇的青年学子来说，是无法抗拒贴近引领时代潮流的"新"书对他们的吸引力。课外阅读使乡村的学生也能够拨开层层迷雾，走进时代漩涡中央，体会作为青年的热血激情，生发对于民族和国家的使命责任，迈出成为"未来勇猛的生力军"的重要步伐。其次，喜读文学书。春晖师生都钟爱鲁迅、郭沫若、茅盾、郁达夫、叶圣陶、刘大白等名师硕彦的文章。同学们对文学类书籍情有独钟，除了文学本身的魅力外，也与先生们身上浓厚的文学气质、本身从事的文学活动和对文学教育的重视密不可分。再次，能读外文书。"当时我大概是读英译俄国小说，现在还记得的，一本是屠格涅夫的《初恋》，是英日文对译本，从丰子恺先生那里借来的，同时参阅丰先生已从这本小说译成了中文。另一本是英国牛津大学出版社的托尔斯泰《二十三个故事集》的英译本……一些老同学已在读日本名家小说原著，如《国木田独步集》，都是从夏丏尊先生、丰子恺先生那里借来的。"初中阶段的学生已经能够阅读外文经典原著，不仅证明文学经典在春晖校园生活的地位，也说明学生的外语阅读能力已经达到了一定的水准。

春晖师生共同将阅读作为了一种生活方式，使春晖中学的校园书声琅琅、墨迹飘香，"书香校园"名符其实。春晖的莘莘学子，在阅读中开阔眼界、提升心智、积累文化和敞开精神世界，便是对"一周一书"活动的最好诠释。

值得一提的是，丰子恺、朱光潜也先后加盟春晖中学，并且参与到"一周一书"的实践中来。即使他们不久之后都陆续离校，但是在春晖埋下的读书和劝读种子，无论是在他们后续的学习生活或者著文中都有或隐或彰的体现。

现代著名画家、散文家丰子恺（1898—1975），是夏丏尊在浙江省立第一师范学校的学生，于 1922 年在春晖中学任教。他不仅亲历了夏丏尊在春晖中学进行的"一周一书"实践，而且在《我的苦学经验》（刊 1931 年 1 月 1 日《中学生》第 11 号；收录于丰一吟等编《丰子恺文集》第五卷）一文中，记述了自己用"克期读"方法学习外语的读书实践："我的学习会话，也用笨法子，其法就是'熟读'。我选定了一册良好而完全的会话书，每日熟读一课，克期读完。"

现代著名美学家朱光潜（1897—1986）是 1924 年经夏丏尊介绍，来到上虞白马湖春晖中学任教英文。他虽然参与"一周一书"活动的时间不算太久，却可能是受影响最深、最久的人之一。其劝读名著《给青年的十二封信》，就与夏丏尊等人在春晖中学开展的"一周一书"活动有相当的渊源。

朱光潜来校不久，因春晖中学的"改革风潮"，他离开春晖到上海谋生。先是与春晖同仁等成立立达学会，后又创办立达学园。同时，参与创办开明书店，还创刊《一般》杂志等。1925 年，朱氏考取官费留学英国。后在长达 8 年的英法留学生涯中，由于官费经常不发，经济拮据，他只得边听课、边阅读、边写作，靠稿费维持生活。朱氏先后替开明书店的《一般》杂志和后来的《中学生》杂志写稿，曾辑成《给青年的十二封信》出版。该书契合了当时一般青年小知识分子的阅读心理状况，畅销全国，影响很大。他因此和广大青年结缘，但论其渊源似可追溯至朱氏在上虞春晖中学任教，并亲历夏丏尊的"一周一书"活动。

试看朱光潜在《谈读书》一文中是这样倡导青年人"克期读"的："如果你每天能抽出半点钟，你每天至少可以读三四页，每月可以读一百页，到了一年也就可以读四五本书了。何况你在假期中每天断不会只能读三四页呢！"

20世纪开明书店和《中学生》杂志的成功，得益于开明书店的服务面向接受过中等教育读者的出版定位，以及《中学生》杂志始终致力于中学生阅读和写作；无论就事论人，其成功确与夏丏尊及其在春晖中学进行"一周一书"活动有着直接或间接联系。

有鉴于此，夏丏尊曾经指导春晖中学的学生开展过"克期读"实践活动，设定"一周一书"的阅读期限。这不仅使阅读成为春晖中学师生的一种生活方式，而且其余绪延续至20世纪的整个语文教育界——希望阅读铭记于师生内心中，即使走出了校门，也仍然在为成长"服役"。

赓续实践：阅读力提升刚需

课堂教学是学校教育的主阵地。在重视课外阅读的同时，要时刻不忘通过课堂教学来提升学生的阅读力。

2018年上学期，笔者在上海商学院开设公共选修课"'一周一书'导读"，有85名本科生选读了该课程。其中，大一、大二学生占94.1%，大三学生占5.9%；18—20周岁占87.1%，21周岁以上占12.9%；女生占69.4%，男生占30.6%；上海生源学生占30.6%，非上海生源学生占69.4%。

课程结束时，对上述 85 名本科生进行了网络微调查。调查显示：

1. 半数本科生存在提升阅读能力的刚性需求

本科生阅读能力提升的"补课"存在刚性需求。由下列调查可资佐证：

（1）修读"'一周一书'导读"课程后，本科生阅读能力得到明显进步。

（2）愿意向其他同学推荐"'一周一书'导读"课程的同学，比例高达 84.7%。

阅读指导类课程受到大学生的普遍欢迎，即大学生渴望获得诸如阅读方法、时间管理、书目推荐、共读活动等方面的指导。

（3）"'一周一书'导读"课程创新了课堂教学方式。数据显示，选择"喜欢本课程'先读一本书—再写读书笔记—课堂同学分享'的课堂教学方式"的同学占 77.7%。

2. 超三分之一本科生课程学习后阅读能力获显著提升

调查显示，本科生能做到"一周一书"的大学生比例，修读"'一周一书'导读"课程前为 50.6%，修读该课程后为 87.1%。

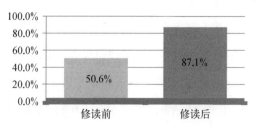

本科生修读"'一周一书'导读"课程前后

上述数据变化表明，阅读方法指导对阅读能力提升的贡献为 36.5%。在本科教育前，关于阅读方法之类的科学指导存在一定欠账，而且，大学生修读阅读方法指导类课程的必要性认识需要提高。相关的调查数据也支持上述结论。如，在调查"您有否经常阅读书籍的习惯"项中，选择"有"的占 57.7%，选择"说不清"的占 30.6%。

3. 近七成本科生优先选择电子书阅读

调查显示，68.2%本科生优先选择电子书阅读，只有 31.8%的学生阅读以纸质书为主（>50%）。

选择电子阅读的近七成本科生中，以电子书为主（>50%）的占 43.5%，电子书与纸质书相当（＝50%）的占 24.7%。

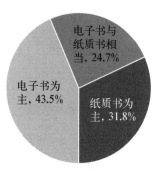

本科生阅读介质选择

在以电子书为主的阅读人群中，电子书阅读量超过 70%的大学生占比高达 67.6%。

在以纸质书为主的阅读人群中，纸质书阅读量超过 70%的本科生占比高达 88.9%。

4. 八成本科生仍选择文学类书籍阅读

调查显示，80%的大学生仍选择文学类书籍阅读。

在"您日常课外阅读类别选择倾向"问题中，选择"文学类为主（＞50%）"的同学占 51.8%，选择"非文学类为主（>50%）"的同学占 20%，选择"两者相当（＝50%）"的同学占 28.2%。

上述数据表明，在大学生的阅读结构中，非文学类阅读的比重仍然较小。由此可知，目前大学生专业性阅读或理论性阅读偏少。

5. 超三分之一本科生属于消遣性阅读

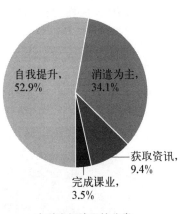

本科生阅读目的分类

调查显示，超三分之一的本科生阅读动机为消遣性阅读。

在"您课外阅读的主要动机（出发点）"选项中，选择"自我提升"的同学占 52.9%，选择"消遣为主"的同学占 34.1%，选择"获取资讯"的同学占 9.4%，选择"完成课业"的同学占 3.5%。

数据显示，三分之二的大学生阅读有明确的目的导向。

6. 半数本科生选择自购阅读

调查显示，本科生选择"自购"阅读的在半数以上。

在回答"您所阅读书籍或材料的获取方式"时，选择"自购"的同学占 50.6%，"借阅"的同学占 37.7%，"其他"的同学占 11.8%。

虽然大学生选择"借阅"的人群只占 37.7%，但是，支持"图书馆借阅为主"的数据达到 84.4%。

7. 不容忽视的其他调查数据

在"您课外阅读量较多的时段"项调查中，"小学""初中"

"高中""本科"四个选项的比例分别为：11.8%、35.3%、25.9%、21.2%。选"记不清"的占5.9%。

在"您的课外阅读习惯主要受谁的直接影响大些"项调查中，"家长""同学""老师""其他"的比例分别是：12.9%、31.8%、24.7%、30.6%。数据显示，课外阅读习惯受到"老师"和"同学"直接影响的超过56.5%；受到"其他"方面影响的达到30.6%。

在"您现在比较喜欢的阅读环境"项调查中，选择在"阅览室"和"教室"阅读的占47.1%；喜欢在"宿舍"阅读的占35.3%；选择"其他"的占17.7%。

不废领读：忝艺痴者技必良

"艺痴者技必良"，意思是嗜好艺术的人，他的艺术才能也必定精良。语出自清代蒲松龄《聊斋志异·阿宝》，原文是："性痴，则其志凝，故书痴者文必工，艺痴者技必良；世之落拓而无成者，皆自谓不痴者也。"用现代汉语来说："性情痴绝的人，他的意志十分专注，所以嗜好读书的人，他一定善于文辞；嗜好艺术的人，他的艺术才能也必定精良。世上那些落拓无成的人，都是自称聪明（不痴）的人。"

提出"一周一书"之初，不少人认为匪夷所思。启动"一周一书"试读活动后，笔者请学工条线的同仁调查一下学生的反应。她们告诉我，学生反馈："方院长疯了！"

听完之后，笔者不仅不生气，而且十分高兴。无论学生什么反应，只要有反应，就是好事；就怕没反应，那就糟糕了。因为，有反应，至少说明"一周一书"，在一定程度上触到了学生的心理痛点、精神痒点或阅读焦虑点。这就是试读成功的第一步。

而且就"方院长疯了！"这句话而言，也没有什么大逆不道呀。即使发泄了一点点不满情绪，也无不可，更无伤大雅。同时，这句话还可以作积极层面的理解。因为，每个学生都心知肚明，老师"逼"自己读书这件事，无论如何不可能是错的，最多是"过程"中的一点小小抱怨，参与活动后基本上没有不持肯定态度的。

当初准备试读一个月后，再总结和推进一次"一周一书"；一方面表彰阅读先进，同时积极回应同学们的诉求。我想，演讲的题目可以初定为"方院长没有疯"，以回应同学们的"质疑"。

当时我正在编选《陶本一研究资料集》，其中读到描绘陶本一先生创办语文系列报刊艰辛的作品《犁》（作者焦祖尧，《当代》1986年1期）时，尤其是陶本一团队的"痴"与"狂"，印象深刻。

成功人士的"做派"，就是上海话所说的"腔调"，大多都要有点疯魔劲。从正面来说，是一种执着，从另一面来看，就是一种疯癫、着魔。记得《林仲兴之门》（郑伟平著，学林出版社1994年版）中就记述过知名书法家林仲兴早年卖血买纸练字的"痴狂"故事：为了练书法，年轻时没钱买纸笔，林仲兴不止一次地卖血，换钱购买纸和笔，每日勤练不辍，同时求教诸多书法名家，几十年如一日，终成一代篆隶书法大家。

《晋书·顾恺之传》："恺之在桓温府，常云：'恺之体中痴黠各半，合而论之，正得平耳。'故俗传恺之有三绝：才绝，画绝，痴绝。"后以"痴绝"为藏拙或不合流俗之典。

"一周一书"要坚持一个较长时段，其成效才能有所显现。因此，我决心要在本院将"一周一书"进行到底，如何让同学们知道我的决心呢？

我想，就从"疯"字入手：一是，调整我在总结表彰会上演讲的思路和标题为"方院长疯得不够"；二是，索性走得更远些，为自己取个别号"周一书"，进一步加深同学们对"一周一书"的印象。

4月20日的总结表彰会上，工作人员特意为我做了一个"周一书"的席卡。我在演讲结束前亮出了"周一书"的席卡，并加以简单解读，同学们报以热烈的掌声——至少加深了印象。这就够了。

后来我将"周一书"作为自己的微信昵称，在与外界的交往中，多年来不少新结识的朋友都误认为我的真名是"周一书"，因为这太像一个人名了。当然，我从来不介意，而且，大家记住了"周一书"，就一定会联想到"一周一书"，这正是我所期盼的传播效果，何乐而不为呢?!

仿曹雪芹《题石头记》诗句作结：都云倡者痴，愿解其中味！

声和响清：阅读共同体扩大了

笔者倡导"一周一书"活动之初，听到了多种声音，感觉匪夷所思是其中之一，包括有个别语文教育专业人士的声音。我觉得十分正常，符合认识的基本规律。认识需要一个过程，这种自信是源于自己有过较充分的调研和论证，而绝不是心血来潮，更无意耸人听闻。匪夷所思，也许正是"一周一书"的价值所在。

事实胜于雄辩。于是，我注意收集相关案例，用身边的案例来引导、说服、感化身边的人。首先，是收集本校、本院学生的读书案例，现身说法。例如，法学专业本科 2013 级张守莲同学自大一就一直能做到"一周一书"；社会工作专业本科 2013 级林月媛同学有一年保持"一周两书"；社会工作本科专业 2017 级吕文栋同学达到"一周一本半书"；广告学专业本科 2021 级石梓璇同学实现"一周一书"……与此同时，师友们也出手相助，来自全国各地的身边案例就源源而来……

案例一：硕士生"一周两书"

合上这本《中学语文教材中的鲁迅作品解读》，我长舒一口气，这是这一个月以来，我读的第 10 本书。我自己也不敢相信在如此紧锣密鼓的排课（一边听老师讲课）中，自己读完了 10 本书。准确算来阅读这 10 本书我一共花了 1 个月又 1 星期，共 38 天，平均每 3.8 天一本，一周看完两书。

这是叶楚欣同学（华东师大 2017 级教育硕士）的阅读分享。她通过量化每天的阅读，假期坚持一个多月，盘点发现居然"一周二书"。在工作学习之余，她是怎么做到的呢？（1）确立量化阅读目标；（2）坚持每天完成阅读量；（3）自律打卡和记阅读笔记。

案例二：中学教师"一周三书"

从 8 月 5—11 日（一周），我读了 3.5 本书：(1) 杨绛的《洗澡》；(2) 挪威作家乔斯坦·贾德的《苏菲的世界》；(3) 周国平的《愿生命从容》；(4) 周国平的《周国平谈阅读》（倒着往回读了一半）。

这是重庆市朝阳中学陈伏兰老师的读书数量和书目，还有她享受读书的过程："一周中除了吃睡，其余时间都在与这几本书的耳鬓厮磨当中度过。或躺着看，或坐阅，全凭一时一地的自在感觉，无论人处于何种状态，但是已经游历于书的世界。"

案例三：律所主任"一周一书"

熊兆罡律师坚持"一周一书"已经多年。他不仅自己每天坚持读书，而且在熊兆罡律师事务所内组织读书会，推行每日定时"读书打卡"，抓落实更为彻底、坚决。让人惊叹的是，目前该读书会有"会员"已达 15 人之多，几乎占全所人员的半数，而且这些会员都是自愿的。

············

集腋成裘，互动互塑，滚动发展。

"一周一书"活动的五年实践和研究，得到国内语文教学界、阅读界的广泛认可、肯定和好评；光明网、《上海教育》杂志、《新阅读》杂志等近十家媒体专题报道或推介了"一周一书""克期读"等相关的实践成果和理论研究。"一周一书"阅读品牌初具一定的知名度，助力"书香文法""书香上商"的创建，其理念、研究和实践已经形成溢出效应，逾越了校园的围墙，走入社区、大中小学、机关单位等，而且走出了本埠，走向了全国，逐步形成了"一周一书"阅读共同体，目前已有近二十家单位，分布范围既有本埠，又有外埠；既有高校，又有中小学；既有学校，又有企事业单位。

此外，本团队还参与策划和承办上海市教卫党委、市教委指导，市语委主办的"读红色经典　做信仰传人——百年百书阅读行"活动，作为庆祝建党百年的市级重要活动，得到了上海市大中小学师生及家长的广泛关注，第一阶段关注人群已超 10 万人次，之后的持续活动预计关注人群将超 20 万人次。

第二章

阅读力要素：习惯目的及其他

阅读力之本：阅读习惯

阅读力测量，除了定量研究之维外，绝对不能忽略定性研究这一维度。定量研究和定性研究，两者结合起来，才能更全面、更系统、更准确地描写和反映阅读力的全貌。

如果说，阅读定量是显性阅读力，那么包括阅读习惯、阅读目的、阅读态度、阅读方法等的阅读要素就是隐性阅读力。后者涉及侧面更为丰富，但常被遮蔽，其观察和描写的难度更大，但是其中的某一变量却像催化剂一样，有时还发挥着巨大作用。

习惯优先名家倡

关于劝读，有从阅读方法着手的，有从阅读时间管理着手的，有从推荐书目着手的，不一而足。我以为，阅读习惯是阅读力的不竭源泉。

据笔者长期观察，大部分视读书为畏途者，有一个共同特征——尚未形成稳定的阅读习惯。笔者以为，阅读习惯除了定时、定点阅读这件事情之外，还涉及诸如阅读目的、阅读方法、内容选择、阅读时空等多方面的内涵。

自古至今、从中到外，有关读书的论述汗牛充栋，涉及劝读目的、内容、方法等的方方面面，各有侧重，精彩纷呈，诚为读书人之幸事。然而，面对如此浩瀚的论述，如何才能提纲挈领，做到纲举目张，以少少许胜多多许呢？

先来读一读清代古文家刘蓉的散文《习惯说》：

蓉少时，读书养晦堂之西偏一室，俯而读，仰而思；思有弗得，辄起绕室以旋。室有洼，径尺，浸淫日广。每履之，足苦踬焉。既久，而遂安之。

一日，先君子来室中坐，顾而笑曰："一室之不治，何以天下家国为？"顾谓童子取土平之。后蓉复履其地，蹴然以惊，如土忽隆起者。俯视地，坦然则既平矣。已而复然。又久，而后安之。

噫！习之于人，甚矣哉！足之履平地，而不与洼适也，及其久，则洼者若平，至使久而即平其故，则反室焉而不宁。故君子之学，贵乎慎始。

《习惯说》记述少年作者在书房中读书经历的小事，告诉人们，一个人是很容易适应外物的，适应了外物，也就由不习惯变成为习惯。而习惯养成之后，对外物是否合理，对外物的是非优劣，往往也就不加详察，不予追究了。文章以小见大，见微知著，于日常琐事中寄寓哲理，于平淡质朴中透出思想深度。

由此可见，习惯的力量是多么强大啊！因此，论及读书，不少名家都特别重视养成读书习惯，并将之列为读书之首。

胡适认为，好的读书习惯与读书方法相比较，习惯更重要。关于读书，胡适虽然从自己的阅读实践中总结了一些方式方法，但他坦言"读书全凭先养成好的读书习惯"。如何养成好的读书习惯，胡适总结了三点：勤、慎、谦。

著名杂文家廖沫沙联系自己长期的读书心得，将"养成读书的习惯"列为"我的第一个读书方法"，养成读书习惯在廖氏心中的分量由此可见一斑：

我的第一个读书方法，是养成读书的习惯，养成读书的兴趣和嗜好。……我以为读书有两种读法：一种是有目的的读书，另一种是无目的的读书。（廖沫沙《我的读书方法》）

关于养成读书习惯的认识，著名历史学家顾颉刚则有这样的独特体悟：

读书的第一件事，是要养成特殊方面的兴趣。……所以读书的第二件事，是要分别书籍轻重缓急，知道哪几部书是必须细读的，哪几部书是只要翻翻的，哪几部书只要放在架上不必动，等到我们用得着它的时候才去查考的。（顾颉刚《怎样读书》）

梁启超不仅认为终生幸福源自养成读书习惯，而且强调指出，读书习惯是通过读课外书和在学校时代来养成：

（读书的习惯）大概是在学校时代已经决定，因为必须养成读书习惯，才能尝着读书趣味。……所以在学校中，不读课外书，以养成自己自动的读书习惯，这个人简直是自己剥夺自己终生的幸福。（《治国学杂话》）

叶圣陶除了赞成学生多读课外书，还特别强调在读课外书的过程和环节中点滴积累，最终养成读书好习惯：

学生读课外书要注意养成好习惯。先看序文或作者、编者的前言，知道全书的梗概，是好习惯。把全书估计一下，预定分若干日看完，而且果真能按期看完，是好习惯。有不了解处，不怕查工具书，不怕请教老师或朋友，是好习惯。自觉有所得，随手写简要的笔记，是好习惯。（叶圣陶《略谈学生读书》）

吕叔湘为《叶圣陶语文教育论集》所作的序言中曾指出："教语文是帮助学生养成使用语文的良好习惯。"

通观圣陶先生的语文教育思想，最重要的有两点。其一是关于语文学科的性质：语文是工具，是人生日用不可缺少的工具。其二是关于语文教学的任务：教语文是帮助学生养成使用语文的良好习惯。过去语文教学的成绩不好，主要是由于对这两点认识不清。

上述名家或直接或间接论述读书习惯养成之于读书和劝读的重要价值，共同指向"习惯成自然"。诚哉斯言！

习惯有好坏之别，要特别注意养成优良的习惯，杜绝不良习气的负面影响。清初大儒王夫之在以诗体写就的《示子侄》篇中，用精妙的诗句描写不良"习气"的危害：

习气熏人,不醪而醉。其始无端,其终无谓。袖中挥拳,针尖竞利。狂在须臾,九牛莫制。

大意是:庸俗的习气会熏染人,就像闻到浓烈的酒香,不喝就醉了;不知不觉就会被沾染,不知何时才能终结。沾染习气,就会为针尖大小的利益而挥拳斗殴,甚至会在片刻之间无名火起、乱发脾气,九头牛也拉不住他。

有鉴于此,王夫之在《示子侄》的开篇,即强调养成优良的行为习惯对于立志的重要性——"立志之始,在脱习气",即成人需立志,立志之初首先需要摆脱不良习气;成才需要立大志,志存高远方可避免沾染习气。一旦养成良好的行为习惯和保持高远的精神境界,便可以无往不利。《示子侄》诗又云:

以之读书,得古人意。以之立身,踞豪杰地。以之事亲,所养惟志。以之交友,所合惟义。惟其超越,是以和易。光芒烛天,芳菲匝地。深潭映碧,春山凝翠。

大意是:以这样的心境去读书,就能领略到古人的深意;以这样的心境去立身处世,就能成为英雄豪杰;以这样的心境去侍奉双亲,就能仰承他们的志向;以这样的心境去交朋友,就能符合道义。因为志趣高洁,所以能谦和平易。这样的志向就像灯烛辉煌,光芒照人;如花草满地,香气袭人。像深潭映着碧波,春山凝成翠色。

培养习惯抢跑道

最先获知美国的小学阶段没有固定的母语课本时，我心中虽然不乏疑虑，但是因为缺乏更多的相关信息做支撑，感觉是美国人太捣糨糊了，怎么连语文教材都懒得编写，这怎么保证语文教学质量呀！在读到有关中美基础教育比较的文章时，我也就容易认同中国的基础教育好于美国基础教育的结论。或者说，因为有了这样的结论先行，相关文章只是找一些论据来论证美国基础教育不如中国基础教育这一结论而已。

在我国，编写教材尤其是语文教材、基础教育阶段的语文教材，那可绝对是一桩大事。当然，这与我国现代教育发展所处的历史阶段、起点基础紧密相关。

翻阅《中国现代语文教育史》（李杏保等著，四川教育出版社2001年版），随处可见20世纪以来每一时期的课程建设，都将语文教材建设作为重点加以考察，并被誉为语文教育发展进程中的标志性成果，而被大书特书、津津乐道。这，当然是必要的，毕竟语文教材曾有其辉煌，并作出了历史的、重要的贡献——语文教科书的编撰和使用，在废除科举、普及教育方面，功莫大焉。毕竟，大量课外读物的供应和保障在当时都是一种奢侈。尤其是在我党的革命根据地，面对极端匮乏的物质条件下，语文教科书的编撰、出版和使用都难保证，更遑论专门的课外读物的印制和出版了。

即使中华人民共和国成立以来的70多年，语文教材在普及教育方面，仍然居功至伟。殊不知，中华人民共和国建立之初，文盲占总人口的 90%，国民文化素质的提升任重而道远。

因此，20 世纪语文教材建设的历史、经验及其功绩，不仅应该珍视和汲取，而且更应该有创新性的发展。尤其是站在新的历史起点上，我国已经成为世界第二大经济体，并全面建成了小康社会。习近平总书记在党的十九大报告中指出："中国特色社会主义进入新时代，我国社会主要矛盾已经转化为人民日益增长的美好生活需要和不平衡不充分的发展之间的矛盾。"在加快建设创新型国家、大力提升科技创新能力的奋斗目标指引下，置身全民阅读推广的宏阔背景，梳理阅读习惯养成与母语学习能力的辩证关系，重新审视美国小学生无固定语文教材的现象，实在很有必要。

他山之石，可以攻玉。美国小学阶段无固定语文教材，只是美国初等教育之母语教育的冰山一角。殊不知，他们有 1 404 本的阅读定量建议，当然与物质条件发达而便利获取书本有关，同时也与教育普及程度相关，还与立足终身发展的教育站位和教育理念有关。相较而言，美国小学阶段的母语教育，立足学生的终身发展，而非学段的应考与升学；注重学生对知识的灵活运用，而非知识的记忆和复现；注重过程中的阅读乐趣体验，而非以结果导向的阅读追求……如此，需要重点研究和关注的问题就是，如何根据阅读习惯养成的规律来安排阅读及其进度？

阅读习惯的形成，是不断强化条件反射逐步形成的，一般需要经历不自觉、自觉行为、自动化三个阶段。

首先，在不自觉阶段，主要依靠阅读外力的督促教育，经过反反复复阅读、多次阅读重复后，不断强化已形成的阅读条件反射，进而形成了初步的阅读习惯。第一个层次（不自觉）的阅读习惯还不够稳定。

其次，要进入到自觉行为阶段，外部监督减弱，更多地需要引入阅读者一定的意志努力，主要依赖其内部的自我监督逐渐建立。同样，第二个层次（自觉行为）的阅读习惯也是需要经过多次重复以后得以建立，一旦这种行为习惯被破坏，可以借助其意志努力进行内部调整、有所修复。

最后，进入第三个层次，就是自动化阶段，达到类似本能的程度。到了自动化阶段以后，既不需要监督，也不需要意志努力，而是自然的行为习惯。一旦学生形成了良好的阅读习惯，例如，主动的阅读态度，以阅读为乐趣；自觉地看书、笔记，形成积极动耳、动眼、动手、动口的阅读行为习惯；根据阅读目的需要，熟练地运用各种方法阅读等，都会相应地潜移默化固定为一种下意识。

美国的小学阶段，根据阅读习惯形成的基本规律，通过大量、反复的阅读活动，包括校内的、校外的、家庭的阅读训练，不限于母语教材的一册书，而是将各种、各科的大量书籍纳入母语阅读训练体系，包括面向孩子循序渐进的分级阅读，甚至超过 1 404 册书也未可知。天长日久，通过每一个阶段的积累和上升，最终确保大多数学生养成阅读习惯。而且，此过程中因相应的老师、家长、图书馆等人士的悉心指导，避免了粗放型的阅读"放羊"，而在阅读质量上又添加了一道保险。

其实，我国古代语文教育就有注重培养阅读习惯的优良传统。张志公在充分研究传统语文教育后发现，在集中识字后，根据小学生阅读愿望迫切的内在需求，有大量阅读的教学安排。他说：

　　传统的语文教育，在启蒙阶段的集中识字和进一步的识字两个教学步骤之后，大致在儿童入学的第三个年头（有的还早些），进入以读写基础训练为主的第二个阶段。在这个阶段，一般的做法是：开始教学生读《四书》《五经》；配合读经，教学生阅读简短的散文故事和浅易的诗歌，教学生学对对子，有的还教给学生一点极浅近的文字、音韵的知识。（张志公《传统语文教育教材论》）

　　进入新时代，我国小学语文教学改革的方向，必须传承中华优良传统，明确以培养阅读习惯为重点，为学生的终身发展奠基的目标。我以为，首先，应该重温我国社会主要矛盾的变化及其特征。其次，研究和借鉴美国小学阶段无固定母语教材、有海量阅读要求建议的做法，率先在重点城市、发达地区先行先试，不断总结取得的经验，进而逐步有序推行。再次，在坚持"双减"政策不动摇的前提下，加快研究如何科学引导社会需求与阅读教学规律有机衔接、有机融合，赓续我国古代阅读习惯培养的优良传统，将发达国家和地区的先进阅读理念、做法引进来，并进行本土化，着力培养为中华民族伟大复兴的一代新人而不懈奋斗。

　　作为家长，孩子简便易行的海量阅读，无论是对于知识面拓展，还是对于阅读习惯养成而言，都是有百利而无一害。作为老师，可能需要改一改上语文课的常规"套路"，精讲多读，或可收事半功倍之效。

认知习惯感悟多

在开设"'一周一书'导读"课程时，我强烈推荐阅读格拉宁著《奇特的一生》一书，要求学生就此写读书笔记，并且上讲台来分享心得。

不少同学在读书笔记中都为传主柳比歇夫坚持 56 年的"时间统计法"慨叹，分享的同学无不群情激昂，因为全班同学几乎都读过了，因此由共情而来的共鸣更为强烈。

"不愤不启，不悱不发"，这是孔子所说的启和发的最佳时机，必须紧紧抓住，绝不能轻易放过。于是，我拿起粉笔，在黑板上大大地写下："方老师坚持刷牙 58 年!"刚刚一停笔，全班同学就哄堂大笑，几乎无一遗漏，差异只在声音高低之别。

我坦然面对同学们的笑声，不仅不气、不恼，而且面带笑容地追问："大家为什么笑我?"我停顿了一下说："就时长而言，难道坚持 58 年不比坚持 56 年多吗?"教室复归于安静，我就趁此开讲"坚持"与"习惯"的辩证关系："大家的笑声，表明刷牙是日常生活中的一件'小事'，所有的人都能够做到，因此，不需要坚持。而柳比歇夫从事的研究工作，对我们大多数人而言，是难以企及的'大事'，所以，需要坚持。"我趁热打铁地加以强调："其实，'坚持'和'习惯'，与事情的'大'和'小'关联不大，而与是否养成了习惯的关联度大。"

我适时地将事先准备好的欧阳修的《卖油翁》投影出来:

陈康肃公尧咨善射，当世无双，公亦以此自矜。尝射于家圃，有卖油翁释担而立，睨之，久而不去。见其发矢十中八九，但微颔之。

康肃问曰："汝亦知射乎？吾射不亦精乎？"翁曰："无他，但手熟尔。"康肃忿然曰："尔安敢轻吾射！"翁曰："以我酌油知之。"乃取一葫芦置于地，以钱覆其口，徐以杓酌油沥之，自钱孔入，而钱不湿。因曰："我亦无他，惟手熟尔。"康肃笑而遣之。

结合原文，我将故事"翻译"了一遍，看得出同学们眼神中的认同。于是，我继续紧追不舍，出示下表：

《卖油翁》与《奇物的一生》之类比

类比项目	人　物	特　长	自我感觉	他人态度
比较 （第1组）	陈尧咨	善射	当世无双，自矜	但微颔之
	卖油翁	善酌	惟手熟尔	笑而遣之
比较 （第2组）	柳比歇夫	时间统计56年	习惯成自然	惊叹不已
	方有林	刷牙不辍58年	习惯成自然	哄堂大笑

对于"多读书"这件事情，大多数人因为平时不太读书或读书较少，类似于不会射箭的人仰视陈尧咨的射技。其实，卖油翁揭开了"善射"的神秘面纱，与其"徐以杓酌油沥钱孔"并无本质不同，乃是"习惯成自然"之故。

人们常说"隔行如隔山"，其实"隔行不隔理"。因为养成了习惯，所以天天刷牙并不为难，所谓"习惯成自然"也。读书亦然。笔者在倡导"一周一书"时，写过一首打油诗，希望澄清对"一周一书"的误解，而终极目标是指向养成读书的"习惯"：

> 日读五十页，一周一书行。
> 月积更岁履，习惯成自然。

不少人常常抱怨读书"苦渴无日"，其实也是一个表象，甚至是一个假象，并未能深入到问题的实质。没有时间读书，究其原因，更多的是未能养成读书习惯。我们不讳言其中涉及时间的科学管理，但这不是问题的症结所在。时间，对于每一个人都是最公平、最公正的，人人每天都有 24 小时，不多也不少，不会因为个人出身、贫富、地位而垂青于谁，类似于理财之于个人，同样的收入水平，不善理财者月月光，善理财者细水长流。

古今中外，有关劝诫惜时的名言警句数不胜数，这当然是一件好事、幸事，但是靠外力植入、"硬着陆"，有时难见显效。重温毛泽东同志青少年时期的认识，愿助益强化"习惯说"之认同：

> 贵有恒，何必三更眠五更起；
> 最无益，只怕一日曝十日寒。

刷牙事情虽小，但是却足资佐证习惯的威力巨大，小数怕长算，习以为常的惯性中蕴含着无穷无尽的潜力。习惯之于阅读，也不例外。

关于"习惯"及其巨大威力的认识，自诩对语文教学既有间接经验（科班出身），又有直接经验（做过语文教师），我曾经历过一个较长时间的"渐变"提升过程。因此，本人将自己的肤见浅识"曝光"于此，希冀助益书友们对"习惯"之于阅读力"本质"认识的洞察，从我的"失败"中吸取教训，降低"不自觉"到"自觉"所耗费的慢速成本。

世纪之交，我攻读语文课程与教学论硕士学位时，对"习惯"之于语文学习重要性的认识，尚处于比较模糊的、不自觉的阶段。其时，我更倾向于"能力"培养重于"习惯"培养，具体表现为在硕士论文撰写中有过相关的语言表述。导师陶本一先生看过文本后，专门就此与我谈过话，帮助我提高对"习惯"培养及其重要性的认识。我当时的反应还比较迟钝，脑子也没有一下子转过弯来，导师的谈话循循善诱，记得他费了好长时间，才使得我有了些许自觉，之后我将之作为一个问题，没有放松对此的进一步思考。虽然当时没有完全弄懂、弄通，或者说只是口服但是未能彻底心服，表现为已经在论文中"纠正"了相关的阐述。这不难理解，一方面，读硕士时的认识更多地停留在为稻粱谋阶段，深究不够，也有学养太浅的客观因素；另一方面，导师总是帮我的，自己弄不懂，先信着不会错，毕竟陶先生是著名的语文教育专家、《语文报》创始人，长期以来对语文教学和课外阅读的研究深湛，当时他又是上海市第二轮课改义务教育语文教材的总主编。

我的关于"习惯"之于包括阅读在内的语文能力形成的重要价

值，能走出混沌状态，得益于攻读博士学位阶段的深入思考和理论蝶变。作博士论文选题"吕叔湘语文教育思想研究"时，我从四个方面来探究吕叔湘"教学生学"之辩证的语文教学过程观：一是，吸收了《礼记·学记》以来形成的教学原则和方法；二是，继承了古代"自得"学习理论之精髓；三是，吸取了西方"自动"学习观的内核；四是，完善了"教师为了达到最终不需要教"的观点，我花了不少功夫，对"习惯说"有了更进一步的深刻认识。

回顾自己阅读习惯形成的过程：初中阶段，我有机缘自由阅读了课外书，有过阅读乐趣的良好体验，几年来形成了初步的阅读习惯；再经过高中、大学的累积，变得更为牢固；走向社会后习惯成自然，继续阅读成为日常生活的一部分，并不觉得难过和有压力，反而是这种无目的无意识的阅读，在不知不觉中延续着学习和思考，收获的是工作十多年后的"转型"时并不觉得特别吃力……这些都受益于早期形成的阅读习惯。

后来，在"一周一书"校园阅读推广活动中，更坚定了自己立足于"习惯"的这个思路设计。它不仅应该是题中应有之义，而且我已经将其蝶变成了推崇"习惯"的铁杆拥趸了。

习惯养成有门道

既然（阅读）习惯对于阅读如此重要，那么，养成（阅读）习惯有无妙招呢？回答是肯定的。当然，养成（阅读）习惯的方法不一而足，这里侧重介绍笔者的亲身经历，祈望抛砖引玉。

一是，适时制订作息时间表，较长时间地严格参照执行，利于

慢慢养成一个好习惯。

笔者亲身经历的三张作息时间表，堪称助力养成良好学习和生活习惯的"传家宝"。

先来说第一张作息时间表，是父亲为我定制的。那是上小学前后，父亲给我手写的、贴在窗台下、闹钟旁的一份作息时间表。

小时候，我们兄妹跟母亲在乡下生活，父亲在离家30千米之外的县城工作，平时不在家。祖父母年迈，还不辞辛劳，帮助生产队放耕牛挣工分，增加家庭收入。为了减轻母亲的操劳，分担一些力所能及的家务，父亲为我制作了作息时间表，规定了早晚与三哥去河里抬水，饭前摆碗筷，饭后洗碗筷……

作息时间表为B5纸大小，竖排，工整的钢笔楷书。左边一栏，列明了具体时间，从早上到晚上；右边一栏，对应时间段写清楚了需要做的主要事情，如起床、洗漱、抬水、摆碗筷……

作息时间表就贴在祖父带我睡的卧房窗下，与小闹钟比邻而居，便于我对照执行。"作息"二字，当时于我还有些陌生，不太能理解。而且，作息时间表中，有些字也不太认识，如洗漱的"漱"、摆碗筷的"摆"字。也许正是这个缘故，所以对父亲为我制订的"作息时间表"印象特别深。

小时候我就这样，一边看着闹钟，一边照着作息时间表做。作息时间表所列的内容，大部分都不难做到，一方面作息表中所列都是一些日常起居的事，本来就要做；另一方面，估计父亲制订作息时间表时，充分考虑到重在养成习惯，因此难度适中，不难做到。

只有一件事情比较吃力，那就是每天与三哥抬水两趟。当时乡下没有自来水，全家七八口人一天的用水量可不小，早晚加起来，总要十到二十桶之多。虽然小河离厨房也就几十米，但是有一个不小的坡，对于一个年幼的孩子，如此单调而又有些吃力的事情，畏难和偷懒在所难免。有一次父亲给我的偷懒"吃生活"，应该是教我养成良好习惯添加的"味精"。

再来说第二张作息时间表，是自我定制的。1979年秋，我来到县城读书，食宿在父亲工作的机关大院，走读。我也仿制了一份作息时间表，小闹钟也跟随我进了城。我的作息时间表，是机关和学校作息时间表的"综合版"，而且必须严格执行；否则，忘了做或者过了点，就会没水喝、没饭吃。

回望当年的作息时间表，功莫大焉。值得一提的有两件事：一是，年少时每天早上跑步二三公里的习惯，始于此时。二是，自己的阅读习惯形成肇始于此，那时功课不太紧，有时间看闲书和杂书，虽然学生无权拥有县图书馆的借书证，但是父亲的借书证，助我挥别无书可读的窘境，转而沉浸于小说的情节中。

慢慢地，作息时间表的形式，也从有形演变为了无形。这应该就是习惯使然。高中期间学习更为紧张，充分利用时间进一步成为刚需，其时钟表还不能做到随处可见；高二时父母给了一块庐山牌手表，一直陪伴我多年，见证了我规律作息从必然王国步入自由王国。自此至今几十年，我一直都保有戴手表的习惯，应该与此有直接关联。

我的读书习惯养成，有一个逐步形成的较长过程：自初中时开始起步，后来又经过高中时的强化和加固，再到大学阶段的提升和稳固。而且，还有促我养成读书习惯的强大外因：20 世纪 80 年代，刻苦读书的小我目标与"振兴中华"的大我目标水乳交融，"把失去的时间夺回来"成为个体与摆脱文化焦渴群体的抓手。

不用说，我大学毕业后进入国营企业，接受工业化生产关于时间管理的洗礼；也不用说，有机会攻读硕士、博士学位，后来又在一线城市生活和工作。时间管理、持续读书两者相辅相成、相互塑造，给我的读书习惯不断赋能。

最后说一说第三张作息时间表，是指导孩子定制的。孩子读初中时住读，学校抓得紧，回家过周末也有不少作业。做一阵子作业后，孩子会小憩片刻，一般会自己安排打打电脑游戏，放松放松和换换脑筋。

妻子周末一般忙于家务，无奈住家空间有限，孩子的一举一动都尽收眼底。她一旦看到孩子安坐电脑前，便可推知已经"远离"学习了，心里的不爽立刻转变成了付诸"言教"的行动。

作为教育工作者的我明白，高强度或者长时间的学习之后，需要安排一些休息、放松的时间，张弛有度才是真正的学习之道。可是，并非教育工作者的妻子，对孩子总是多一份"期待"，少一份"放手"。面对这样的误解和责难，孩子的反应可想而知。

我了解孩子非偷懒耍滑之辈，学习间隙的正常休息和换脑，不仅必要，而且要积极支持。但是，我不能无视妻子的良苦用心，更不能打击她的教子积极性。如何有效地调和母子两人的矛盾，避免两者之间的正面冲突，化干戈为玉帛呢？

　　我指导孩子自制周末作息时间表：让孩子每次一回家，就将自己周末的学习、休息等详细安排写在纸上，列明学习任务的名称、安排的起始时间，包括休息、游戏等的安排，然后粘贴在方便大家知晓的显眼位置。这样，周末时间的安排一目了然：何时学习，何时休息，一览无余。为了帮助孩子制订详细的作息时间表，我私下里特别强调，不这样，我也帮不了你。非这样不行，妈妈无法准确掌握你在学、在玩、在歇的信息，误解就不可避免，挨骂就只能自作自受。我想，一旦妻子看到孩子玩，可能要"发作"时，我就提醒她先看看作息时间表的执行情况，然后再决定。不难推知，之前常常针尖对麦芒的正面冲突销声匿迹了，"母慈子孝"的氛围又回家了。

　　我以此为契机，将这一做法延伸，引导孩子制作假期作息时间表。孩子在尝到甜头后，也再接再厉，由此及彼，将假期作息时间表进一步拓展和优化，既有规划整个假期的安排，还有月度学习任务安排表，甚至每周的详细工作量列表。尤其是后者，每天有详尽的作息安排，做完一项划掉一项，不仅方便家长检查和监督，而且更有助于自律行为与习惯的养成。

　　这样的作息时间表训练法，从初中开始，孩子将之延续到高中、后来读大学，我都能欣喜地看到他"有事先计划、做事讲条理"的良好习惯。而且随着年龄的增长，孩子的自觉性、自律性大为增强和稳固。及至他准备出国留学，看到他自己申请学校、暑假练习厨艺、锻炼自己的胃口等，都是有板有眼，我不仅省了心，而且比较放心。

我曾将这个案例在阅读推广中做过分享，得到过不少家长和教师的认可。2017年与成都高新区的小学名师工作室团队交流，她们高度赞誉了这一做法，认同在小学阶段注重习惯培养对于学生终身发展的奠基功能。

二是，将重要工作安排在一天中最早的时段去做，长此以往，利于养成一个重要事情优先做的好习惯。

没有时间读书，校园内学生的感叹不绝于耳，校园外书友的苦恼声犹在耳畔。究其原因，虽然表征各有不同，甚至千差万别，但其实质都是时间管理不太科学，尤其是重要事情常常被紧急事务所挤占。这些都属于习惯养成方面的欠账所致。

上述认识，是近十年来长期思考的阶段性成果，现在集中陈述几个案例，系统梳理"探究"的过程，助益读者一窥究竟。

我一直叹服于恩师李杏保教授的宏富著述，就数量而言，他不仅出版了多部著作，还发表了不少文章；就质量而言，学界公认他是中国现代语文教育史研究的主要开拓者。为了追寻李教授学术前行的坚毅足迹，走近学人孜孜矻矻的日日夜夜，揭开他学术研究高产中的读写秘密，笔者先是通读了他的全部著作，继而搜集了他的所有学术文章，并且梳理、汇编成《江南杏语——研读李杏保教授语文学科教育泛话》。统计数据显示，不算他出版的十多部著作，自1976年起平均每年至少发表两到三篇论文。堪称"劳动模范"的他，任教课程的工作量也不少，担任着高校中层行政领导，还有不少的个人爱好，社交圈也不小……事多且杂，要兼顾学术研究和诸多日常琐事，他哪里来的时间写文章，而且还如此高产呢？

自己当时也感叹"苦渴无日"，要写一篇文章真是困难重重，又急又躁；试着向睡眠去挤时间，效果并不好；尝试整天枯坐码字，也难如人意。如今回望，当年自己深陷其中而难以自拔的两大误区：一是，日常时间利用太粗疏，管理不精细，分配不科学；二是，"挤牙膏式"的硬写，欲速则不达，平时读书少，乏有源头活水来，不仅写不出，而且还写不好。

充分认识到自己在时间利用方面的这两个"误区"，并且慢慢从中走出来，经历过一个较长时间的冥想、反思和破茧过程。

先是来自写微信推送的直接经验。推广"一周一书"活动之始，为了营造良好的读书氛围，我曾狂写过一阵微信推送文章。每天一早起来，就面对电脑码字，写不出来就现看、现找，一直持续到八九点钟；写就两三千字，推送完后，再去办公室。这样一早起来边阅读边码字大半年，既满足了每天的推送需要，也没有太耽搁日常工作，算是初步尝到了享受写作的状态。整个人都处在读写的愉悦之中，只觉得全身通畅、精神亢奋，而且良性循环。

真是"有心栽花花也开，无心插柳柳成荫"啊！写微信之始，直接的动因是创设良好的阅读氛围，追求"蓬生麻中，不扶自直"的成效。始料未及的是，被"逼"早起写微信的无奈之举，却收获了一石双鸟：不仅为"书香校园"加持，而且意外地揭开了"重要优先"时间科学管理的盖头。

升级这个"收获"，实现从必然王国到自由王国状态，还得益于阅读周而复的小说《上海的早晨》的顿悟。他在该书前言中，描述了写作该书的时间利用——为了兼顾繁忙的工作，他每天一早起来先写作，一直到上班时间，再停笔去上班。他数年如一日，得以最终完稿。联想之前读到过不少作家都有类似做法，即将写作都优先安排在一早。这不仅仅是偶然，还是有其必然。

这些作家不约而同地一早起来就写作，看似偶然，实则必然。其必然乃都是优先做完了重要事务，同时也不废其他紧急的琐事，暗合了科学管理时间的基本法则。至此，顿悟了长期困扰自己的、一直试图破解李教授读写的"奥妙"。常人日常所为，多为"紧急优先"，与"重要优先"背道而驰，粗看似乎无伤大雅，实则低效已埋伏笔——成功与渺小的天平早就在这点滴而日复一日的时间累积中分出了优劣和胜负。

再是联想到母亲"身教"的一件小事，更慨叹并折服于母亲的睿智。暑假，母亲安排我们兄弟干农活时，有一个不一样的套路：一大早就叫我们下地去干活，母亲烧好早饭后，挑到地里来一起吃；饭后稍事休息，接着再干到 10 点半左右，太阳也上来了，人也累了，这时就打道回府，休息、睡觉、看书自便。当时，只是感觉到避开了炎炎的烈日，做到了干活和休息两不误，并未察觉出母亲这一做法的特别之处，也未深究其中的奥妙，更不可能意识到其中的智慧。近年来，随着自己的阅历不断增加，尤其是思考"苦渴无日"问题时不断地反刍，尤其是在编著《感恩母亲》一书时更添感慨，母亲虽然只有小学两三年级的文化水平，但在管理时间上却深藏大智慧。

　　迁移、类比至日常的阅读，我想，包括自己在内的大多数人，是否常常陷入"紧急优先""重要靠边"的误区，且习焉不察，更难以自拔呢？

阅读力之灯：目的态度境界

一谈到读书，首先，我们的第一反应一般都是阅读方法。而且，大多数的读者都比较认同此观点，即娴熟地掌握了快读方法，就能够读得多，阅读力就强。当然，获取信息的多寡，无疑是衡量阅读力的重要指标。坊间不少阅读书籍，营销策略打"提速"牌就是显例。其实，目的决定方法，阅读亦然。没有箭靶子乱射箭，没有明确目标的炫技、炫酷，就是成语"无的放矢"之所指。有鉴于此，阅读目的，是阅读活动的首要问题。其次，阅读态度、阅读境界，也是阅读活动中随时都有、随处不在，而且制约阅读效能的重要问题。

阅读目的多如簇

一提起阅读目的，最容易联想起来的，肯定是"书中自有黄金屋""书中自有颜如玉"。这两句话，用借代的方法，概括了过去许多读书人的读书目的和追求。虽然功利倾向十分鲜明，但是却在民间广为流传。

诗句出自宋真宗赵恒的《劝学诗》："富家不用买良田，书中自有千钟粟。安居不用架高堂，书中自有黄金屋。出门莫恨无人随，书中有马多如簇。娶妻莫恨无良媒，书中自有颜如玉。男儿欲遂平生志，六经勤向窗前读。"

宋真宗赵恒的《劝读诗》，充分体现了宋朝重文抑武的执政理念和价值导向，而且逐渐成为宋朝整体社会风尚的主流声音，辅之以活字印刷术的技术进步，为宋朝的文化繁荣奠定了扎实的基础条件，表现为读书的人群更为庞大，阅读人口的快速增长。加之有苏轼"快活风流到白头"（《读书歌》）、王安石"贫者因书富，富者因书贵"（《劝学文》）这样的名人鼓吹，不断地推波助澜，"读书多实惠"的观念自然不胫而走、深入人心。"朝为田舍郎，暮登天子堂"，让身处社会底层的读书人钦羡并竞相追逐，此愿景成为历朝历代众多年轻人梦想逆袭的不二之选。

回看苏东坡《读书歌》："读得书多胜大丘，不需耕种自然收。在家有酒在家醉，到处逢人到处留。日里不怕人来借，夜里不怕贼来偷。虫蝗水旱无伤损，快活风流到白头。"再读王安石（半山）《劝学文》："读书不破费，读书利万倍。窗前读古书，灯下寻书义。贫者因书富，富者因书贵。"

然而，这并不是宋朝读书人的唯一声音。宋朝庞大的读书人群中，以天下为己任者大有人在，"读书本意在元元"（读书为了黎民百姓）的陆游就是其中的代表。此类读书人绵延不绝，后来又有明朝的杨继盛的"第一功名不爱钱"，以及周恩来的"为中华之崛起而读书"。

让我们重读陆放翁的《读书》："归志宁无五亩园，读书本意在元元。灯前目力虽非昔，犹课蝇头二万言。"品鉴杨继盛（椒山）的《言志诗》："饮酒读书四十年，乌纱头上有青天。男儿欲画凌烟阁，第一功名不爱钱。"咀嚼周恩来的《无题》："大江歌罢掉头东，邃密群科济世穷。面壁十年图破壁，难酬蹈海亦英雄。"

受到激励的同时，感触颇深。

古今中外，读书目的，绝不是简单的二元关系，而是内涵深厚、丰富多彩的所在。宋元话本的繁荣，得益于当时消遣和娱乐的阅读功能就是明证。19 世纪以来，伴随出版技术在我国的应用和普及，获取资讯的阅读目的与报纸、杂志的出版快速发展相互影响、相互塑造。

进入 20 世纪以来，我国最终废科举、兴学堂，特别是随着"五四"新文化运动的启蒙，更是提升了普罗大众的阅读能力，壮大了读书人口和阅读人群，读书人的出路变得更为宽阔、多元，阅读的目的也随之不断丰富和细分。例如，胡适的"读书是为了解决困难""为读书而读书""读书在求智、为做人、在兴趣"；鲁迅的"一是职业的读书，一是嗜好的读书"；江问渔的"为学做人而读书"；郭沫若的"有为学习而读书，有为研究而读书，有为创作而读书，有为娱乐而读书"；廖沫沙的"一种是有目的的读书，另一种是无目的的读书"。

面对诸葛亮（孔明）"非志无以成学"的论断，以及琳琅满目的阅读目的表征，青年学子如何正确认识，应该有怎样的选择呢？一方面，要不断提升认识；另一方面，要知行合一，重在身体力行。就认知而言：

首先，要充分认识阅读目的的丰富性和可融性。 区分不同的阅读目的，甚至作细致的切分，是为了更好地加以描写、开展研究和指导实践。例如，艾德勒等作的名著《如何阅读一本书》，开篇即区分了三个不同的阅读目的：一是，为了消遣而阅读；二是，为了吸收资讯而阅读；三是，为增进理解而阅读。

阅读目的是客观的存在，但是"横看成岭侧成峰"，不同的人、不同的视角，所得不同，是客观和自然的。赵明诚和李清照的"赌书消得泼茶香"，难道仅仅是读书消遣吗？其中读出了境界，读到了极致，超越了苦读，而享受读书的自得跃然纸上。

其实，无论何种阅读目的，都具有统一性和同一性。如为稻粱谋的读书，就出发点而言，偏主观的目的多些、强些，实际上主观为自己，客观上也为他人、为社会服务。同理，无论是为自己还是为他人而读书，为个体还是为社会而读书，为钱物还是为精神而读书，都包含着主观和客观两方面，不是简单的、片面的对立关系，而是既对立又统一的辩证关系。

其次，要充分认识阅读目的的圈层性和递进性。马斯洛的需求层次理论昭示，阅读个体存在不同层次的需求，无论就个人发展阶段的渐进而言，还是认识水平不断递进的规律而言，阅读目的都存在一个由低到高、由浅入深的渐进和递进过程。一般而言，大多数人是难以超越渐进性的，但是超越渐进性，尽早进入递进性的阶段，也是我们努力追求的目标。

尤其是倡导全民阅读的当下，应该更包容不同层次的需求，形成共生、互鉴、共享的良好局面。现实中阅读人群巨大，阅读需求多元，阅读生活丰富而多样，阅读目的必然具有多层级的特点。

不同阶段有不同的需求侧重，不是绝对不能超越，但是大多数情况下难言简单超越。"超越"的条件决定于"态度"。

每个人的不同成长阶段，可以有不同的阅读目的，不同成长阶段阅读的需求层次不同，阅读目的也有不同的层次。

就实践而言，在承认阅读目的客观性的同时，并不否认阅读目的之主观能动性。毕竟"取法乎上，仅得其中；取法乎中，仅得其下；取法乎下，无所得矣"。其中的主观能动性，不仅不能否定，而且有时还可发挥相当（大）的作用，"态度"一节将专门阐述。例如，黄庭坚："一日不读书，尘生其中；两日不读书，言语乏味；三日不读书，面目可憎。"

就阅读目的而言，为明理而读书，为做官而读书，为挣钱而读书，为吃饭而读书，在产生的动力源泉，维持动力的持久性等方面，还是有很大的开掘空间的。

总之，要充分认识到清晰、高远、专注的阅读目的蕴含着巨大的潜力，其所产生的惯性，无论是对克服惰性、发挥主动性，还是远离精致的利己主义都有积极的意义。

美国哈佛大学的一则有关"目标与成功"的跟踪调查，例证了目标的巨大激发和导向功能。哈佛大学针对一群智力、学历、环境等条件差不多的年轻人进行跟踪，经过 25 年前后的两次调查，结果发现：占 3%的人群，25 年来几乎不曾更改过自己的人生目标，朝着同一方向不懈地努力。25 年后，他们几乎都成了社会各界的顶尖成功人士，他们中不乏白手创业者、行业领袖、社会精英。占 10%的人群，大都生活在社会的中上层。他们的共同特点是，那些短期目标不断被达成，生活状态稳步上升，成为各行各业不可或缺的专业人士，如医生、律师、工程师、高级主管，等等。其中占 60%的目标模糊的人，几乎都生活在社会的中下层，他们能安稳地生活与工作，但都没有什么特别的成绩。剩下 27%，是 25 年来都没有目标的人群，他们几乎都生活在社会的最底层。他们的生活过得不如意，常常失业，靠社会救济，并且常常都在抱怨他人，抱怨社会，抱怨世界。

调查者因此得出如下结论：目标对人生具有巨大的导向作用，有什么样的目标就会有什么样的人生。

目标会帮助你实现人生价值。不少人都或经历、或见证过，周围可能有其他的目标吸引我们，让我们这也想做，那也想做，结果什么也没做好，最后一事无成。如果有了明确的、坚定的目标，我们就会排除干扰。当你一心执着于自己目标的时候，所有的障碍都会成为垫脚石，所有的困难都会主动让步。

目标能激发出无限潜能、走向成功。例如，"我要造中国人都买得起的汽车"，这是李书福的目标。李书福从萌发造车梦开始，历经了吉利生产的第一辆轿车"吉利豪情"下线，李书福曾对时任国家计委主任的曾培炎面陈"允许民营企业家做轿车梦"，最终吉利 2001 年拿到汽车"准生证"开始规范化生产……20 年来，伴随中国消费升级，吉利交出一份靓丽成绩单：从 2012 年的世界 500 强排名第 475 名上升至 2018 年的排名 267 位，7 年提升了 208 位。

再如，"我要做总统"，克林顿 17 岁时就确立了这一目标，并且持续不懈地为之奋斗，终于入主白宫。"我要让每一个家庭的办公桌上都有台小型电脑"，就是这一目标让比尔·盖茨成为世界首富。

我们每一个人都具有无限的潜能，只不过由于缺乏清晰的目标，以及对目标的专注和坚持，使得自己的潜能最终没有得到释放和发挥。

由此及彼，建议读者试着围绕下列问题，回顾和思考自己的（阅读）目标：（1）我有没有目标？有多长时间的目标？（2）我的目标清晰吗？有没有写下来？（3）我是否经常检查自己的目标？（4）我愿意成为前面所述 27%、60%、10%、3% 中的哪一类人？

态度增效看分级

态度，是阅读目标的组成部分和动力系统，它伴随着知识与能力、过程与方法目标的实现而实现。阅读态度的主动程度，在相当的程度上决定着阅读力的能级。

被誉为"有关阅读的永不褪色的经典"的名著——《如何阅读一本书》（艾德勒等著，商务印书馆 2004 年版），开篇"第一章"就开宗明义来讨论"主动的阅读"：

既然阅读有主动、被动之对比，那么我们的目标就是：第一提醒读者，阅读可以是一件多少主动的事。第二要指出的是，阅读越主动，效果越好。

……

主动的阅读包含哪些条件？在这本书中我们会反复谈到这个问题。此刻我们只能说：拿同样的书给不同的人阅读，一个人却读得比另一个人好这件事，首先在于这人的阅读更主动，其次在于他在阅读中的每一种活动都参与了更多的技巧。这两件事是息息相关的。

无独有偶。作者又在该书"第五章"再用专节来讨论"主动的阅读基础：一个阅读者要提出的四个问题"：

本书已经数度讨论过主动的阅读。我们说过，主动阅读是比较好的阅读，我们也强调过检视阅读永远是充满主动的。那是需要努力，而非毫不费力的阅读。但是我们还没有将主动阅读的核心作个简要的说明，那就是：你在阅读时要提出问题来——在阅读的过程中，你自己必须尝试去回答的问题。

……关于一本书，你一定要提出四个主要的问题。

（1）整体来说，这本书到底在谈些什么？……

（2）作者细部说了什么，怎么说的？……

（3）这本书说得有道理吗？是全部有道理，还是部分有道理？……

（4）这本书跟你有什么关系？……

……任何一种超越基础阅读的阅读层次，核心就在于你要努力提出问题（然后尽可能地找出答案）。这是绝不可或忘的原则。这也是有自我要求的阅读者，与没有自我要求的阅读者之间，有天壤之别的原因。后者提不出问题——当然也得不到答案。

此外，该书随处可见阐述"主动的阅读"的句子或段落。特别是在论述"主题阅读"时，措辞都是用"最主动"字眼：

我们已经说过，在主题阅读中，是书在服务你，而不是你在服务书。因此，主题阅读是最主动的一种阅读法。当然，分析阅读也需要主动的阅读方式。但是你在分析阅读一本书时，你就像是把书当作主人，供他使唤。而你在做主题阅读时，却一定要做书的主人。

再回到我国有关"主动的阅读"的相关论述中来。笔者目之所及，代表性的论述是朱熹和胡适的"心到"之说。

"读书要三到"，是对朱子的读书法"心到、眼到、口到"的概括。其中，朱熹特别强调"心到"："心不在此，则眼不看仔细，心眼既不专一，却只漫浪诵读，决不能记，记亦不能久也。三到之中，心到最急。心既到矣，眼口岂不到乎？"朱氏所言"心到"，用今天的话来说就是"走心"（即用心、经心、放在心上）。

胡适提倡读书要"四到"，即"眼到、口到、心到、手到"。乍看，无非是在朱子的读书法中增加了"手到"二字而已。其实不然。胡适"四到"读书法，不仅继承了朱子"三到"读书法，而且有所优化和创新发展。

胡适对此的"优化"和"发展"，具体都体现在哪儿呢？

首先，看一看"学习金字塔理论"陈述的基本事实：以语言学习为例，在初次学习两个星期后，不同的学习方法达到的学习效果不同，研究表明在两周之后，学生对知识的保持率，从5%~90%不等。其中，用耳朵听讲授，知识保留5%；用眼去阅读，知识保留10%；视听结合，知识保留20%；用演示的办法，知识保留30%；

分组讨论法，知识保留50%；练习操作实践，知识保留75%；向别人讲授相互教、快速使用，知识保留90%。如图：

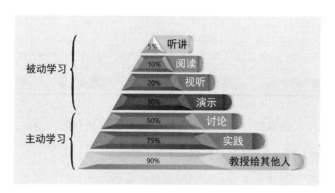

学习金字塔

其次，结合"学习金字塔理论"的结构要素，细分阅读"四到"，尤其是"心到"，来测量阅读者投入的主动程度，并作相应的态度描写，从而最终观察出其绩效差异（见下表）：

阅读"心到"（态度）之绩效分析

序号	学习方式	效果	主动/被动	阅读"四到"对应		主动程度	态度描写
				耳到、眼到、手到	心到		
1	听讲（lecture）	5%	被动	耳到	心到一	投入一	心猿意马
2	阅读（reading）	10%	被动	眼到	心到二	投入二	一心二意
3	视听（audio visual）	20%	被动	眼到+耳到	心到三	投入三	聚精会神
4	演示（demonstration）	30%	被动	手到一	心到四	投入四	一心一意
5	讨论（discussion）	50%	主动	手到二	心到五	投入五	见缝插针

续　表

序号	学习方式	效果	主动/被动	阅读"四到"对应		主动程度	态度描写
				耳到、眼到、手到	心到		
6	实践（practice）	75%	主动	手到三	心到六	投入六	心无旁骛
7	教授（teaching）	90%	主动	手到四	心到七	投入七	如饥似渴

再次，联系阅读相关要素，将态度进行量化分析，动态地认识态度与阅读绩效的显著正相关。

态度，是指在阅读过程中所表现出来的心理和行动素质。阅读者的主动态度可以这样定义，指读者在阅读过程中不惜投入较多的精力，善于发现阅读材料和创造新的机会，提前预计到阅读发生的可能性，并有计划地采取行动来提高阅读绩效、避免问题的发生或创造新的机遇。

一般可以分为四个等级。Ⅰ级：需他人的督促才会完成阅读任务。Ⅱ级：自觉投入更多的努力去从事阅读工作。Ⅲ级：及时发现某种机遇或问题，并快速作出行动。Ⅳ级：提前行动，以便创造机会或避免问题发生。

我们试着将态度（精力投入）加以量化，并用百分比表示为：10%、20%、30%……90%、100%。假定其他的阅读要素总量投入恒定不变，设为常数 C，那么，与态度相乘后所得的阅读绩效分别为 0.1C、0.2C、0.3C……0.9C、1.0C，即阅读绩效随着阅读态度的投入程度变化而呈显著的正相关。

事实上，阅读是一个复杂的过程，涉及的每一个要素都是一个变量。以"克期"这一个要素为例，面对"克期读"，采取"主动"和"被动"态度，所产生的阅读绩效有云泥之别，自不待言。即使同为"主动"，因为程度的差异，阅读绩效的波动也是显而易见的。

金庸的武侠小说创作成就，除了天生禀赋外，"克期"因素明显，在连载这一克期要素的"挤压"下，加之主动态度的分值在创作中占比高，久久为功，荣登"新武侠小说四大天王"之首就顺理成章了。

勤读渐进境自高

说起境界，我们最熟悉的莫过于王国维所说，古今之成大事业、大学问者，必经过三种之境界："昨夜西风凋碧树。独上高楼，望尽天涯路。"此第一境也。"衣带渐宽终不悔，为伊消得人憔悴。"此第二境也。"众里寻他千百度，蓦然回首，那人却在灯火阑珊处。"此第三境也。

观堂先生的三境界说，为什么传播如此之广？乃是因为，此论道出了从低境界往高境界攀登之艰难，并且，将攀登书山的艰难过程艺术化为诗情画意的所在，劝诫人们努力追求学问和迈向成功，乃是备尝艰辛和沉浸享受的辩证统一。

其实，古今中外谈"境界"者，却绝不止于此。众多不绝如缕、琳琅满目、异彩纷呈的境界说，为我们描摹了阅读的复杂多面，洞开了阅读的丰富层面，展示了阅读的多彩侧面，助益我们阅读之时的"择其善者而从之，其不善者而改之"。

其中除了王国维的三境界说，汉代刘向《说苑·建本》中的："少而好学，如日出之阳；壮而好学，如日中之光；老而好学，如炳烛之明。"少年、壮年、老年不同的读书时段，各有各的不同风景、迷人之处、动人风采。

少年经不得顺境，中年经不得闲境，晚年经不得逆境。此说乃是曾国藩积六十多年的人生经验之谈，劝诫人们注意躲避三个险境，虽不一定直接针对读书而发，却可助益包括读书在内的人生不同阶段举一反三、未雨绸缪。

亦有"四境界说"，李一氓从60多年革命生涯坚持不懈读书的经验中化出了"四境"：离险境，得顺境，破逆境，处闲境。具体来讲：离险境——读书可以保持理智，镇定自若；得顺境——读书可以谨言慎行，减少盲目；破逆境——读书可以化解怨气，平心静气；处闲境——读书可以益智强身，遏制衰老。

而任务型阅读、愉悦型阅读、提高型阅读、参悟型阅读的四重境界，可以粗略区分当今社会绝大多数人读书的不同境界。显然，虽然大多数人都有类似的读书起点，但是随着时间的推移，基于家庭熏陶不同、环境条件限制、个人禀赋悟性差异，其读书的兴趣、种类、数量、质量差别，以及由于处境、目的、基础不同，造成相应的态度、方法、效果各有千秋，四重境界愈益显豁。

有人集诗句概括读书的四种境界：第一层境界，取自柳宗元诗"孤舟蓑笠翁，独钓寒江雪"；第二层境界，取自刘禹锡诗"千淘万漉虽辛苦，吹尽黄沙始到金"；第三层境界，取自晏殊词"昨日西风凋碧树，独上高楼，望尽天涯路"；第四层境界，取自禅诗

"千江有水千江月，万里无云万里天"。

就阅读而言，所处不同阶段（境界），采取的阅读策略和方法自然不同：

第一阶段：古为今用。可将"古为今用"分四步走。第一步，购买先哲经典，如《论语》《老子》。第二步，背下来。因为知识，只有存储在你脑子里的，才叫你的。第三步，买本现代人对先哲经典的解释。如南怀瑾先生的《老子他说》，因为这一步是加深，强化理解。第四步，找自己一直想读的，现当代名人传记去读。主要看中国古代先哲的智慧，能否也适用于现代的外国人。

第二阶段：洋为中用。读古希腊典籍，记录书中思想大纲，应用于现实。

第三阶段：理为文用。把数理知识，用于人生道路。

第四阶段：文为理用。洞穿文理，执其大端。

对我们大多数人而言，只要能完成第一阶段，我们的人生境遇，就完全不同了。

简而言之：第一境界，初能望文生义，死记硬背，可小成。第二境界，进能变通运用，巧舌如簧，有一得。第三境界，终能深入浅出，知行合一，方大就。

踵事增华，回眸自身读书轨迹，笔者五十载的经历极类爬山登高，可概之为如下三境：

第一境，"只在此山中，云深不知处"。混沌一片，是初读阶段的状态特征。阅读起步，立于大山之下，小小的身板类似于积累浅、未知多的小数据，面对重峦叠嶂，自身渺小、卑微可想而知，更有云缭雾绕、山峦隐约，要坚定信心、趁早出发、用力不辍，要摆正位置、知难而进、久久为功。重读贾岛诗《寻隐者不遇》："松下问童子，言师采药去。只在此山中，云深不知处。"可助益我们置身混沌而信心不坠，少一些浮躁、多一些沉静，减一份心神不定、增一份安之若素，不骄不躁、不气不馁，前行不停、攀登不止，则逐渐进入第二境。

第二境，"横看成岭侧成峰，远近高低各不同"。随着阅读力的不断提升，类似于登山攀爬步步向高，此时回望山脚、放眼山巅、驻足远眺，上下、左右、前后，对象虽然没有变，景致却大异其趣，乃是因为观察点的角度、高度、位置的变化。就数据量而言，乃是不断增加、积累所必然产生的渐变过程。向上不止，变化不断。重读《题西林壁》诗："横看成岭侧成峰，远近高低各不同。不识庐山真面目，只缘身在此山中。"仿佛苏子专为笔者量身定制。数据量继续积累、不断量变，终至突破临界点，产生质变，进入第三境。

第三境，"会当凌绝顶，一览众山小"。重读杜子美《望岳》，紧紧围绕诗题"望岳"的"望"字着笔，远望→近望→凝望→俯望，与读书的不同境界何其相似。远望，即"岱宗夫如何？齐鲁青未了"；近望，即"造化钟神秀，阴阳割昏晓"；凝望，即"荡胸生层云，决眦入归鸟"；俯望，即"会当凌绝顶，一览众山小"。尤其是最后一句，不辞辛劳，不畏艰苦，最终登顶成功，将群山踩在脚下，胸中快意盎然，眼前群山点点。

换而言之，读书三境概之为"仰视、平视、俯视"，不仅利于理解，而且便于定位阅读起点、调整阅读状态、提升阅读层级之实操。

上述罗列，不避赘述，甚至不厌其烦。根本目的在于回归阅读，冀望助益深化理解境界步步登高，其源自勤读渐近，应慎言超越。以下两例亦可印证阅读：

如中国艺术史上，顾恺之和陆探微、张僧繇是我国南朝时期的三位最重要的画家，其成熟的人物画艺术代表了汉代美术得到迅速发展。到唐代，书法理论家张怀瓘倡"品书三境说"，此说不仅直观形象，而且言简意赅。张氏对顾恺之等的画作评价甚高，其所著《画断》曾云："张得其肉，陆得其骨，顾得其神。"

又如在中国革命史上，从早期的"以俄为师"，到中间过程的"以俄一辩"，再到后来的"以俄为鉴"，是中国革命从失败走向不断胜利经历的三个阶段（境界），也是中国共产党反对洋教条（本本主义），不断形成理论自觉、理论自信的心路历程。初期的幼稚阶段，表现为以甘当外国"留声机"的"奴隶主义"而顶礼膜拜；进而逐渐成熟起来，最终逐渐形成中国革命和建设的理论。

阅读力之翼:阅读方法

阅读方法的百花园,绝对是一片姹紫嫣红、群芳斗艳。常见的阅读方法分类众多,有略读、精读,有跳读、浏览,有基础阅读、检视阅读、分析阅读、主题阅读,有猜读,寻读、素读、硬读、比较阅读、深度阅读、碎片化阅读,有藤蔓法、不求甚解法、八面受敌法、悬测读书法,有听读、抄读、默读、朗读,甚至有拦腰一刀读法……

林林总总的阅读方法,不胜枚举。具体阅读方法的内涵,无须赘述。就近取譬,试着从中观层面来观察与阅读方法展翅的相关性。

棋子紧随棋局变

著名语言学家索绪尔曾经用棋盘来比喻语境,创造性地建构了词的动态意义。他认为每一个词本身并没有什么意义,这个意义是由棋盘上其他的棋子决定的,是由棋子之间的关系总和来决定的。例如,"他"在"它"出现之前,指代一切事物,但在"它"出现之后,就只能指代人。同样,"他"在"她"出现之前,指代一切人,但在"她"出现之后,就只能指代男人。如此等等,不一而足。这就是棋子随着其他棋子的增减而发生意义和功能的改变。这个精彩的比喻还揭示,棋局体现共时性关系,棋局的不断变化则体现历时性关系。

著名翻译家许渊冲对此颇为认同，他对"部分的总和并不等于全体"这句话的理解，就为索绪尔的观点提供了一个很好的注脚。许渊冲第一次在西南联大政治学课堂中听到张佛泉教授说这句话，当时大吃一惊，对信奉"2＋2＝4"这样的理性思维的年轻人而言，此话不啻为晴天霹雳，是颠覆性的。许渊冲对这句话的理解有一个慢慢深化的过程，他举了两个显例：一是，随着文学翻译实践的不断丰富，他更多地发现句子并不等于字的总和，因此加深了对翻译的认识，全句多于部分总和的就是言外之意，所以翻译不但要翻译字内之意，还要翻译字外之意，这就是创造了。这句话为许渊冲进行创造性翻译打下了理论基础。二是，其实《老子》中的"道可道，非常道"早就说出了这个意思。如果用第一个"道"来表示句子的话，第二个"道"就可以理解为翻译，第三个"道"指的却是字面的总和。全句意思可这样理解，句子是可以翻译的，但并不是翻译字的总和，这就可以解决直译和意译的矛盾。

曲为比附，以达己意。结合"棋子"和"棋局"关联的视点，重读盲人摸象的寓言，能启迪我们深思：无论五个盲人多么卖力气地摸象，他们各自只获得了其中五分之一的信息，据此得出的对于象的判断都是片面的、不准确的。而视力正常的人，一眼看过去就获得了象的完整信息，据此得出的对于象的判断是全面的，因而也是正确的。这里，视力正常的人并不一定比盲人聪明，只是因为视力没有障碍，快速获取了象的完整信息而已。视力正常的人根据全面的信息，自然容易得出正确判断；而盲人不能得出正确判断，受制于各自只获得了部分信息。

盲人只占有象的小数据（棋子），而视力正常者占有象的大数据（棋局），差别立显。类比于阅读活动、认识世界，为了摆脱"盲人摸象"式的尴尬，阅读者用尽各种办法获取全面信息、准确信息，就变得十分重要了。"纸上得来终觉浅，绝知此事要躬行""曾经沧海难为水""养儿才知父母恩""不当家不知柴米油盐贵"等诗句和俗语，讲的都是这个理。

还有一个我亲身经历的例子：大连，北方一个美丽的海滨城市，令我向往的重要一点，是通过照片和视频领略的英姿飒爽的巡警支队女子骑警队。大连女子骑警队成立于1994年12月，后来逐渐成为城市的亮丽名片和文明窗口。

大连女子骑警队的制服为红衣白裤，警帽为黑色，多个女骑警排成一列，美丽端庄有气势。蔚蓝的天空，平坦的沙场，奔驰的警马，飒爽的女警，构成了城市女骑警的一幅绝美的图画，因此大连女子骑警队被誉为"华夏警花第一骑"。

也许是因为自己身处南方，尤其对高头大马情有独钟。一直没有机会去大连，某年的夏天终于来到了大连。虽然滨海的北方城市，夏天并不热，但是我还是有某种不适，也许是因为长期在干净整洁的上海生活，高头大马的外形俊美，但是马的大小便却是让人不甚舒爽。由此，我对大连这座城市有了新的认识，乃是因为现场获取了其中的一些新信息。

时下盛行的"整本书阅读"，若从"棋子"与"棋局"的视角来看，似将"节选"（棋子）的小数据还原至"整本书"（棋局）的大数据中。

视网膜效应机关

"未晓不妨权放过"，是陆九渊谈读书的观点之一，意思是说，如果阅读中有一时不理解的地方，暂时放下也无不可。对此，推崇精读者，或许不以为然，甚至诟病。

见仁见智。先听我讲一段亲身经历，然后分析一下"视网膜效应"，争取放大其正效应，看看是否可以成为阅读方法的某些借鉴。

笔者自驾极晚，自然疏于关注小汽车及其品牌。迟至几年前，才把考驾照提上议事日程。虽然考好了驾照，但是拍上大牌不容易，也就没有马上购车，想拍牌、购车一步到位。此时对小汽车及其品牌，反应仍然比较迟钝。

购置了一部小汽车作为代步工具，是上海通用公司出品的别克昂科拉SUV。因为没有大牌，只能将小牌车暂时寄存在外环线外。饭后漫步小区，发现了同款的小车好几部；漫步街头，偶见同款的昂科拉，还注意到了其中的细微改变。

后来拍上了大牌，畅行无阻，可以每天开车外出了。这时，我的眼中似乎一下子增加了很多昂科拉，上下班通勤路上、外出办事的路上都是，我总结为：满街处处昂科拉。

我的第一反应，难道是昂科拉最近增加市场投放了？上网一搜，2021年1—2月别克昂科拉GX（SUV）累计产销量分别是1 664辆和1 776辆。确实，车市近年每月都新增800多辆上路。当然，投入市场的昂科拉逐渐增多，增加了我满眼皆见昂科拉的概率。生活化的"昂科拉现象"，是否还有其他方面的"力量"在起作用。

"昂科拉现象"，不仅是我个人特有的经验，现实生活中的不少人都有过类似的体验，亦即"红衣服效应"：小张穿了一件红色上衣，他发现最近无论是上街还是走亲戚，总能碰到穿红色衣服的人，难道今年流行红色衣服？网上还称之为"孕妇效应"，意即偶然因素随着自己的关注而让你觉得是个普遍现象，就是当人怀孕了就更容易发现孕妇；你开了奔驰就更容易看到奔驰；你拎了一个名牌包就容易发现满大街都是这个品牌的包。"孕妇效应"用来形容人们容易把自己的关注点投射在外界，以寻找更多案例来证实内心想法的情况。

投射到生活中的这种"昂科拉现象""红衣服效应""孕妇效应"，心理学上早已有过阐释，其术语就是"视网膜效应"。所谓视网膜效应，是指当人们产生某种特别的需要或关心时，就会对需要的对象产生浓厚的兴趣，自然或不自然地去留意相关信息，而把那些与需要不相关的其他信息则无意识地过滤掉，从而产生选择性注意的心理现象过程。

显然，视网膜效应是由于个体内心过于关注或追求某一事物，而使自己视觉发生偏差，不能全面地对待事物或事物的本质，从而做出错误的分析、评价和判断。因此，我们在生活、学习和工作中，或可通过利用和放大其正向效应，减少其负面效应来为己所用。

迁移到阅读上，我们应该注意加以利用和开发，即利用视网膜效应不断深化对原本信息的理解。譬如，在主题阅读中，可以充分利用"选择性注意"，加快寻找、累积、整理与主题相关的文献、材料和信息的搜集速度，并进而加深对"问题"的理解、梳理和分析，提升提出问题、分析问题和解决问题的效率。

迁移到劝读上来，可以充分利用视网膜效应，将经典作品中的某些概念、情节等先行植入，形成读者的选择性注意（有意注意），并借获取更多相关信息，加深对经典的了解、理解。

从视网膜效应的视角来看，我国古代私塾教育中，强调对经典的反复诵读，似乎也有相当的可取之处，而不应该一棍子打死。只是在借鉴过程中，要特别注意把握其中的"度"，适可而止，谨记过犹不及。

苏东坡与好朋友佛印的一次"笑谈"，助益我们理解"视网膜效应"的拓展。一天，苏东坡对佛印说："以大师慧眼看来，吾乃何物？"佛印说："贫僧眼中，施主乃我佛如来金身。"苏东坡听朋友说自己是佛，自然很高兴。可他见佛印肥肥胖胖，却想打趣他一下，笑曰："然以吾观之，大师乃牛屎一堆。"佛印听苏东坡说自己是"牛屎一堆"，并未感到不快，只是说："佛由心生，心中有佛，所见万物皆是佛；心中是牛屎，所见皆化为牛屎。"似乎扯得有点远了，其实不远，但还是打住。

因此，视网膜效应，要注意减轻负能量（证实偏见、易得性直觉），转化和放大正能量，才能为我所用，更好地为阅读所用。

秀才早知今日事

古谚云："秀才不出门，能知天下事。"意思是读书人凭着读书看报，即使足不出户，也能知道外界发生的事情。毛泽东在《实践论》中也引用了"秀才不出门，全知天下事"的谚语。

老子《道德经》中也有类似的话语："不出户，知天下；不窥牖，见天道。其出弥远，其知弥少。是以圣人不行而知，不见而明，不为而成。"意思是，不出门户，就能够推知天下的事理；不望窗外，就可以认识日月星辰运行的自然规律。向外奔逐得越远，感知自己不足就越多。所以，有"道"的圣人不出行却能够推知事理，不窥见而能明了"天道"，不妄为而可以有所成就。

陈寅恪诗《残春》也曾言："读史早知今日事。"是说人的智力所能达到的一种认识状态，即人是有能力从"史"中求得一种"识"的。点明了在历史领域里，人的认识的一般能力及其成果，不乏作为人的普遍自豪感。这种自豪感，其实质是来自历史循环论的。

我国古人强调以史为鉴，说明古人不但认识到了历史循环论，而且希望能避免循环的天命，要以之为鉴。"读史早知今日事"的用心显然不止于重申历史循环论这一老生常谈，而是在于表达一种人们每欲打破历史循环与轮回，却终于难为、终于不能、往往重蹈覆辙的宿命。其中蕴含的无能与无奈，黑格尔在《历史哲学中》一书中说："人类从历史中学到的唯一的教训，就是没有从历史中吸取到任何教训。"

从这个视角来认识读书的价值和意义，"多读书"的道理就不言自明，"多读书"的自觉性就会增强。

既然世上的不少事情都有重复发生的可能，那么预知未来的能力也就不那么神秘。司马迁《报任安书》中的"究天人之际，通古今之变"，是完全现实和可能的。"让历史告诉未来"的论断背后蕴含着的，也就是这个道理。

重温黑格尔所说谁能从历史中吸取了教训，能从历史中吸取更多的教训，其预测、预判未来的能力就更强，就一点都不稀奇。稀奇的是，既认识到了这一点，同时又付诸行动者太少了，仅此而已。因此，有大智慧的人，在现实生活中总是凤毛麟角。

历史总是惊人的相似。例如，大一统且短命的过渡朝代——秦朝和隋朝，两者都是建立在发生很久的战乱时期的基础上，其时民心渴望着和平统一和安居乐业；其短命，乃是因为暴政而被人推翻。值得一提的相似，两者还都对社会的改革起了重要作用：秦朝统一文字、设立郡县制，隋朝开创了三省六部制、科举制。

又如，像双胞胎一样的晋朝和宋朝。晋朝和宋朝都是靠篡权建国的；都城又都是在河南省，都城最后都被屠城；而且，这两个朝代又都分别分为两段，晋朝分为了东晋和西晋，宋朝分为南宋和北宋。

再如，相似之处何其多的明朝和清朝。明和清两个朝代都比较勇猛，都是打败了异族建立的王朝政权，灭亡前都出现了皇帝没有子嗣，传位给兄弟的情况，灭亡的最终原因都是内忧外患、朝廷内部腐败不堪。

"何不食肉糜"难绝

历史有着惊人的相似。大到国家大事，小到个人小事，无不如此。

中国古书上有一则"何不食肉糜"的故事：有一年发生饥荒，百姓没有粮食吃，只有挖草根，吃树皮，许多百姓因此活活饿死。消息被迅速报到了皇宫中，皇帝晋惠帝坐在高高的皇座上听完了大臣的奏报后，大惑不解。曰："百姓无粟米充饥，何不食肉糜？"（百姓肚子饿没米饭吃，为什么不去吃肉粥呢？）

无独有偶。法国卢梭在《忏悔录》中也有过类似的记述："我终于想起了一位崇高的公主说的挽救时局的办法：当她获知农民没面包时，她说'让他们吃布莉欧（一种奶油糕点）好了'。"

很显然，没有亲身经历过的人对别人的处境或行为妄加评论或建议，难免贻笑大方。晋惠帝和卢梭笔下的欧洲公主因为对事物缺乏全面认知，落下千古笑柄。俗语"夏虫不可语冰，蟪蛄不知春秋"，不仅蕴含着上述道理，而且提醒人们注意见识的有限性，以及认识的局限性。

引申到阅读中来，警醒我们时时处处要防止认识的片面性，以免步前人的后尘。近年笔者见识过现代版的"何不食肉糜"不止一例，再一次给我们敲响了谨防片面的警钟，而且要注意举一反三。现记述如下：

（一）"交大我就不考，当交警我就不干"

2010 年暑假，笔者的一个亲戚带孩子来上海参观世博会。男孩刚刚中考完不久，考上了一所省重点高中。为了启发他树立考名校的目标，建议他到离我家不远的上海交通大学校园去转一转，增加一点对大学的感性认识。当我说完这个建议，刚刚停口，他没有任何迟疑、立刻回答我说："交大我就不考，（毕业后）当交警我就不干。"听完他的回答，在场的所有人几乎都笑得前仰后合。真是既好气，又好笑。

一个初中生，对大学毫无概念至此，对"交通"两字如此认知，令人慨叹。

（二）"为什么不去店里吃？"

某日，在微信中看过这样一个段子：父亲对自己的孩子进行忆苦思甜教育，现身说法，讲他小时候家里如何穷，希望他好好珍惜现在的生活。当父亲讲到自己"家里没饭吃"时，孩子不假思索地反驳道："为什么不去店里吃？"父亲听了哭笑不得。这个"何不食肉糜"的现代版故事应该不会绝迹。

（三）三岁的翁心儒误认树为花

纪录片《大后方》之《一滴汽油一滴血》中记述着这样的真实故事：

1942年，远在甘肃玉门的翁文波和冯秀娥有了第一个儿子，取名心儒。这是在玉门油田出生的第一个孩子。当时的玉门油田，处于荒滩戈壁，条件艰苦，连一棵树都没有，更谈不上绿化了。小心儒长到三岁了，都没有见过树。

1945年，小心儒跟着父亲翁文波、母亲冯秀娥第一次来到甘肃酒泉，他在这里第一次见到树，惊奇地问妈妈："这个花怎么长这么大，这么高啊？"父母亲听到这里，心酸不已。从那以后，3岁的翁心儒就被改名成了翁心树。

翁心树后来回忆道："我父亲写过一首诗，诗里有一句：'西瓜篓里遇新生。'我出生以后就躺在西瓜篓里。抗日胜利以后，我随父亲母亲离开玉门，走到酒泉就有树了，我跟我妈说，这个花怎么长这么大，这么高啊？我妈妈很感慨，这孩子生下来这么大没见过树。"

重温《庄子·秋水》中北海若曰："井蛙不可以语于海者，拘于虚也；夏虫不可以语于冰者，笃于时也；曲士不可以语于道者，束于教也。"举一反三，我们可引申至"为多读书而读书"，深化理解了俗语"养儿才知父母恩""曾经沧海难为水"，顿时有茅塞顿开之感，收获多多，真乃醍醐灌顶也！

阅读力活水：经典阅读

阅读具有典范性、权威性的经典著作，是一个几乎所有读者都必须直面而又头疼的问题。主要是两个问题无法绕开：一是，为什么要读经典？二是，如何阅读经典？

为什么要读经典？梁实秋在《读书的乐趣》一文中认为："如今我们的书太多了，纵不说粗制滥造，至少是种类繁多，接触的方面甚广。我们读书要有抉择，否则不但无益而且浪费时间。"

朱光潜在《谈读书》一文中说："书是读不尽的，就读尽也是无用，许多书都没有一读的价值。多读一本没有价值的书，便丧失可读一本有价值的书的时间和精力，所以须慎加选择。"

如何阅读经典？方法多种多样，个人战术不同。笔者奉献二则迂回战术："多备本钱好读书"和"先打游击后攻城"。

多备本钱好读书

众所周知，做生意没有本钱不行。而且，小本钱只能做小生意，做大生意需要大本钱。类比于读书，自然多备本钱好读书。

金开诚教授在《读书也要有"本钱"》一文中更是直截了当，他说："读书其实是运用自己原有的知识经验去与书中的内容建立联系，从而加以理解、吸取的过程。"此言颇有点"将本求利"的味道。

这个说法形象生动。那么，读者的"本钱"是从何处积累而来的呢？主要是从生活中和书本上得来。蒙童入学，未曾读过书，但他已在生活中认识了不少事物，所以识字后，就能据此读懂浅近的课本。读书、做学问都必然有一个从少到多、由浅入深的过程，单凭两手空空而想在学术上成为"暴发户"，恐怕是不可能的。因为学问的增长有其自身规律，必须借助已有的知识经验、文化积累去吸取新知，乃至创立新说。

"为读书而读书"，说的也是这个意思，当下读的书是将来读更多书的本钱（"为多读书而读书"）。

莫提默·J.艾德勒等著《如何阅读一本书》中的语汇"基础阅读"，说的就是阅读的"第一桶金"。该书指出，在儿童具备纯熟的阅读能力之前，至少会经历大约四个截然不同的阶段。这也从一个侧面佐证，基础阅读能力的形成——阅读"本钱"的积累——至少必经四个不同的阶段：第一个阶段，又被称为"阅读准备阶段"（reading readiness），一般从出生开始，直到六七岁为止。第二个阶段，孩子会学习读一些简单的读物。第三个阶段的特征是快速建立字汇的能力，所用的方法是从上下文所提供的线索，"揭发"不熟悉的字眼。第四个阶段的特征是精炼与增进前面所学的阅读技巧。

我国传统语文教育是这样积累阅读"本钱"的。张志公在《传统语文教育教材论》中指出，传统语文教育多采用一两年集中识字的方式，从背诵《三字经》《百家姓》《千字文》启蒙，在初步具备了基本阅读能力后，通过阅读散文故事、读诗、属对形式开展大量的读写训练，从而奠定了较为扎实的阅读基础，为顺利地过渡到进一步的读写训练准备了条件。

"跃跃诗情在眼前，聚如风雨散如烟。敢为常语谈何易，百炼功纯始自然。"虽然这是清人张问陶侧重论诗，其实用到积累阅读的"本钱"上也是相通的。要把"聚如风雨散如烟"的"跃跃诗情"用平常的语言自然而然地表现出来，没有天长日久的文学修养和千锤百炼的功夫是不可想象的。只是在读书和学习中要致力于消化与吸收的艰苦劳动，不断地使新知新说和自身原有的修养水乳交融，平常人多没有下够如此多的功夫，自然难以想见积累"本钱"的艰辛。

阅读和写作都强调"厚积薄发"，换言之就是"小本钱"难做"大生意"。道理很浅显，然知行难一，常见"用小本钱做大生意"者。

著名语言学家、语文教育家吕叔湘先生不仅反对"用小本钱做大买卖"，而且身体力行。拙作《论语文教育家吕叔湘早期学术研究方略》有过专门阐释："强调占有材料，反对'用小本钱做大买卖'。"这不仅适合于写作，而且适合于阅读。就读书而言，平常多读书，更接近水到渠成；临时急翻书，更近似临渴掘井。

吕叔湘在《丁声树同志的学风》一文中举了丁声树读书的例子："声树同志读书之勤是大家都知道的。做研究工作常常要从熟悉材料入手，从材料中发现问题，这叫做读书得间。读书跟翻书不同。在研究过程中当然还需要翻书查材料，但是读书是根底，没有这个根底，光知道翻书，那是不行的。在勤读书这件事情上，我们都要向声树同志学习，尤其是青年同志。我常常看见有些青年同志，找人要题目，拿着题目现翻书找材料，当然效果是不会很好的。"

平时注意积累，自然用时得心应手。尤其是在一些语言形式相同、语言环境差异的情况下，更见多准备"本钱"的重要价值。

先打游击后攻城

"先打游击后攻城"，是朱光潜先生说起做学问时的表述。我很认同，从自己的一次亲身经历，更是体悟到了运用于经典阅读的功效。

为了攻克学术经典这座大山，我采取"迂回"战术，聚沙成塔，积小胜为大胜，最终攻克博士学位论文写作的难关。现将此过程中经历的煎熬和挣扎，以及运用攻读策略后的顿悟记录于后，助益书友领悟"攻书莫畏难"，分享"苦战终过关"的欢愉。

时间回溯到世纪之初的 2003 年，是年笔者开始攻读博士学位，导师陶本一、范开泰两位先生建议我做"吕叔湘语文教育思想研究"的选题。先通读了一遍《吕叔湘全集》第 11 卷，可是没找到什么具体感觉。该卷集中了吕叔湘有关语文教学的相关论述，是研究吕叔湘语文教育思想的"原典"。通俗地说，所有的字都认识，却不知所云——只能领会字面意思，看不出字里行间的道道。于是，再读一遍，认知增长十分有限，内心的焦虑陡增：原著都读不出什么感觉（亮点）来，如何借此完成一篇博士学位论文呢？类似于暗夜中遭遇到了漫天的黑幕，眼前一片混沌，没有一丝亮光。

当时，研究语文教育"三老"（叶圣陶、吕叔湘、张志公）语文教育思想的专著已经出版两部，独有研究吕叔湘语文教育思想的暂时空缺。而且这个选题，当时只有零星的短论，未见硕士或博士学位论文涉及。选题的价值和意义没有问题，困难来自选题研究的高难度，还有可供参考的研究成果十分有限。不仅有关吕氏语文教学的研究成果寥寥，且多属体会式、漫谈式。这个选题，逼我不得不寻找属于自己的登山之路。

首先，逼我下功夫"硬读"。当然，"硬读"不是"蛮读"，而应该是讲路径、讲策略的"巧读"。我想起小时候在农村的爬坡、爬山经历。一是，爬陡坡走"之"字。从家到乡里学校的八里多山区公路，有好几个陡坡，上学和放学时，经常能看见走之字形、缓慢爬行的汽车或拖拉机，最终费了九牛二虎之力爬过坡去；记得从家里骑自行车去县城看电影《少林寺》，要经过几个不算太陡的高坡，不愿意下车推行，仗着年轻力壮，就采用走"之"字的方式，沿着45度的角度往上，左扭右拐，最终爬上坡去。二是，上高山找"横路"。家乡出门就是山，无论是上山砍柴，还是秋天上山采木梓，我们都是先找"横路"，大家沿着"横路"鱼贯而行、通向山顶，下山也是原路返回。要走到45度左右的上山"横路"，需要走好长好长的小路，有时甚至从窝口走到窝底，从距离上来衡量，要多走好几倍的路。但是走这些路不冤枉，虽然走的路长，但是路不崎岖、力所能及、体力消耗小、利于持久。

其次，参考研究成果的匮乏，也是我碰到的第一个难题。这是意料之中的事。其实，面临的难题，于我是一次难度极高的挑战。毕竟攻读硕士学位得到的学术训练，还是比较有限的；之前主题阅读的要求较低、历练不多；尽管有过当教育杂志记者和编辑的经历，但是自己的学养缺口与论文撰写要求相比差距还很大，课程与教学的内涵开掘能力不足。

我想，要打攻坚战，没有重武器不行。另外，还要讲究战略战术。随后，我采用"迂回"战术，先翻阅了《吕叔湘全集》（共 19 卷）；继而研读叶圣陶、朱自清、夏丏尊等老一辈语文教育家的相关著述、传记；还原吕氏创作语文教学各篇文章的时代背景；梳理其涉及问题的纵向史实；定位其"座标"；开掘重点篇目的当代价值；等等。

我冷静思考和研究语文教育家的教育思想，认为论文不仅涉及课程定位、课程目标与任务、课程内容、教学方法、教学过程、师生关系、听说读写等方方面面，而且都要求开掘比较深透，对研究者的学养要求很高。

围绕"吕叔湘语文教育思想"这个主题，开展了较长时间、扎扎实实的深度研读，一轮又一轮，思路逐步清晰，材料渐次丰富，焦虑得到缓解。同时，我得到中国现代语文教育史研究的主要开创者之一的李杏保教授的提点，使我对语文教学的整体认识和把握，逐步摆脱盲人摸象，稳步向成竹在胸之境进发。

再次，研究语文教育家的教育思想，阐述其思想内涵构成的表述，可以是"共性表达"式，也可以是"特色表达"式。前者比较常见，分板块归纳和概括，也比较省劲；而后者，要求遴选出被研究者的"个性语录"，鲜明地涵盖板块要旨，自然比较吃力。显然，后者要求研究者更具研究深度和广度。两位先生鼓励我选择后者，并且指导我攻坚克难，我反复比较其他语文教育家对具体问题的经典表述，甄选出吕氏若干个性语录，不断打磨。这样夜以继日地研读写作，再研读，再修改，终于用三年时间完成了博士学位论文初稿，又用一年时间不断完善、补充和优化，重点围绕吕氏语文教育思想的当代价值进行深度开掘。

苦心人，天不负。最后，我2007年所提交的博士论文送外审专家评阅，不仅得到知名专家的充分肯定，而且在论文答辩时得到现场专家的肯定和指导。2009年又得到上海市学术著作出版基金资助，于2011年正式出版。2017年语文出版社诚邀我编著《中国现代著名语文教育人物·吕叔湘》，这是后话。

第三章

阅读力培育：克期读

"克期读"极简中国现代史

肇始于 2017 年，笔者在上海商学院推动"一周一书"活动以来，将不少精力投入到劝读实践及其理论思考中。同时，还注重利用各种机会向先进学习、与外界交流。例如，参加全国语文学习科学专业委员会年会时，不少专家和学者充分肯定阅读定量研究，鼓励和褒奖校园劝读活动，也提出了对阐释"一周一书"学理的期许。

学理阐释，是探究知其所以然的重要侧面，也是不断优化阅读自觉，持续增强劝读自信，科学、持久和深入指导阅读活动的题中应有之义，更是忝列学人行列者的义不容辞之责。笔者将全国学者和专家的殷殷期许，转变为鞭策自己前行的动力，开启了持续的"寻根"之旅。

"克期读"的理论和实践，不仅在中国古代阅读史中层出不穷，而且在中国近现代阅读史中得到发扬和光大，具体表现为出现的频率不断加速，践行的人群更为丰富和多元。

"克期读"概念频现于 1920 年代

阐释"一周一书"学理这一期望，萦绕笔者多年而始终未能释怀。自 2017 年以来，寻寻觅觅多年并未有所得，当然也意味着从来没有放弃过。

踏破铁鞋无觅处，得来也很费功夫。2019 年 3 月，翻读《怎样读书》（胡适等著，生活·读书·新知三联书店2014年版），其中"克期读"的内容犹如一道闪电，一下子击中了我，苦苦寻觅良久的辛劳，一下子烟消云散了，巨大的欢愉充盈周身，其开心状和幸福感难以向外人道，非自身经历难以体悟。

该书中的章衣萍《我的读书的经验》一文总结了自己的读书要领、诀窍和方法，他认为读书主要有三："第一，应该读得熟；第二，应该读得多；第三，应该克期读。""克期读"是其中不常见的读书方法。章氏记述了胡适教他"克期读"的过程和情状：

我十七岁到南京读书，在南京读了一年书后，胡适之先生到南京讲学，我去看他。我问他读书应该怎样读法，他说"应该克期"。克期是一本书拿到手里，定若干期限读完，就该准期读完。胡先生的话是很对的。我后来看书，也有时照着胡先生的话去做，只可惜生活问题压迫我，我在南京、北平读书前是半工半读，有时一本书拿到手里，想克期读完，竟不可能，在我，这是很痛苦的。现在，生活问题还没有解决，苦痛的病魔又缠绕着我了。几时我才能真正"克期"去读书呢？

与胡适同乡的章衣萍（1902—1947），是现代作家和翻译家。他幼年入蒙堂馆，1908年赴潜皇读书后入安徽省立第二师范学校，1921年入北京大学预科。北大毕业后，先后在陶行知创办的教育改进社主编教育杂志，在上海大东书局任总编辑，与鲁迅筹办《语丝》月刊（系重要撰稿人）。1928年任暨南大学校长秘书兼文学系教授，抗战后任成都大学教授，系南社和左翼作家联盟成员。著作有短篇小说集、散文集、诗集、学术著作、少儿读物、译作和古籍整理等 20 多部。主要作品：《古庙集》《一束情书》《樱花集》等。1947 年逝世。

章衣萍所述"克期读"是指在严格限定的期限内完成一定阅读量的一种阅读方法（或策略）。"克期读"，涉及两个变量：一是时间，一是阅读量。即以"时间"轴为横坐标、以"阅读量"轴为纵坐标，从而构成的有"严格限定（期限）"的，兼有阅读效率考量的，具有"倒逼"意味的自律阅读方法和策略。

无独有偶。现代著名画家、散文家丰子恺（1898—1975）在《我的苦学经验》一文中也用了"克期读"这个名词，并且记述了自己 1921 年前后用"克期读"方法学习外语的具体实践：

> 我的学习会话，也用笨法子，其法就是"熟读"。我选定了一册良好而完全的会话书，每日熟读一课，克期读完。

"克期读"，虽然作为一个概念正式提出，始见于 1919 年。但不难推知，胡适（1891—1962）的"克期读"实践肯定早于 1919 年。

之前，"克期读"作为胡适常用的一种读书方法（或策略），已经运用和思考"娴熟"到脱口而出的程度。究其源头，至少有二：一是 1910—1917 年留学美国时习得；二是 1906—1908 年胡适就读中国公学，师从已娴熟运用"克期读"的王云五。若论源自前者，书友可以参阅本章"克期读，在外国"；若论源自后者，有胡适坦陈："我在中国公学两年，受姚康侯和王云五两先生的影响很大。"

现代著名出版家王云五（1888—1979）靠"克期读"自学成才：18岁由上海同文馆学生拔任教生（助教），他看到自己的英国教师布茂林藏有六七百册英文书籍，犹如久旱逢甘露一般惊喜，便经常向布茂林借书看，为了不影响布氏自己用书，他将借的书赶紧读完并及时归还。19岁开始任教于中国公学，担任英文教师期间，王氏曾以分期付款办法购得35册的《不列颠百科全书》，每日以两三小时阅读，两三年时间通读一遍完成。他还曾创造"十日读书近千册"的"克期读"纪录：王氏1930年前往美国考察出版事业，在美国国会图书馆用11天时间，一口气查阅了900多册有关管理的书籍期刊。

虽然王云五只长胡适3岁，但是王、胡不仅有师生名分，还亦师亦友。纵观王、胡一生交谊，同为现代著名学者、文化大家、国民政府高官，两者过从甚密，既同校授课，又相互欣赏，还同朝为官，相互提携，后都终老台湾。

胡氏和王氏多读书心得，坊间不难找见他们关于读书、治学和写作的文章和书籍。其中常见的著作如，胡适所著《读书与治学》《习惯重于方法：胡适谈读书治学》《读书与治学》，及王云五所著《我怎样读书：王云五对青年谈求学与生活》等。

有实无名的"克期读"近现代样本

如果说，胡适、丰子恺、章衣萍的阅读实践是有名有实的"克期读"，那么，王云五可以视为有实无名的"克期读"，而且近现代有实无名的"克期读"实践者，比比皆是。

纵观古今，优秀的阅读者，往往自觉或不自觉地践行着"克期读"，朱光潜就是其中之一。朱光潜写于 20 世纪 20 年代后期的《谈读书》一文，就曾对青年人描述过其"克期读"的实践主张：

> 如果你每天能抽出半点钟，你每天至少可以读三四页，每月可以读一百页，到了一年也就可以读四五本书了。何况你在假期中每天断不会只能读三四页呢！

著名语言学家和心理学家陆志韦（1894—1970）早在 20 世纪 20 年代初，不仅有过"克期读"的实践，并且纯熟到推荐和指导东南大学学生开展课外阅读。吕叔湘在所著《关于中学语文教学的种种问题》一文中回忆自己就读东南大学（1922—1925）时，心理学老师陆志韦曾说：应该每天看 20 分钟的报，要在 20 分钟里头把这个报里头的全部内容都看进去。学生们说这个不容易呀！陆氏说：是啊，不容易就得学啊！你不看报不行，要花很多时间也不行，你得在 20 分钟里把一天的主要新闻乃至重要广告都看到。

夏丏尊等 1922 年曾在浙江上虞春晖中学试行过有实无名的"克期读"："在课外叫学生自己自由读书，做成读书笔记，每星期一缴，由我们作教师的分担批阅。"［夏丏尊《叫学生在课外读些什么书》，《春晖》第十七期（1923 年 10 月 1 日）］参阅"守正创新：一周一书前世今生"。

中国共产党百年党史中亦有生动事例，早在新中国成立前，不少先进的共产党人就曾经有过有实无名的"克期读"丰富实践。例如，徐特立阅读"总是以'定量''有恒'为主"；董必武曾二十几天内把《纲鉴》全部读完；瞿秋白阅读严格按照制订的计划读书和自修；李一氓自己排了个日程，每天看十多页；陈云阅读规定自己"每个星期读三四十页"；华罗庚曾十天自学啃完一本微积分教科书；田家英自创"读白蹲"读书法博览群书。

著名学者金仲华（1907—1968）曾说，研究国际问题，如果有两三天不看报、不读书，就没有发言权。正是在这种思想指导下，他每天总得看十万字左右的书报刊物。金仲华坚持"克期读"，数十年如一日，正如巴金所说：（金仲华）"不管工作怎样繁忙，他晚上总要看书学习，剪贴材料，一直到最后的日子。"20 世纪 30 年代在上海办报时开始，金仲华规定自己每天必须仔细阅读两种报纸，中西文各一，即《申报》和《字林西报》。金仲华这种"克期读"的做法始终如一。抗战时期，虽然他辗转到了香港，但在主持《星岛日报》时，仍然"克期读"不辍，只是因地制宜选择了另外两种报纸，那就是精读当地的《大公报》和《南华早报》。金仲华还有"今日事今日毕"的习惯，有时因白天太忙挤不出时间细读，即使到深夜不睡，也是非读不可的；每到此时，就先泡上一杯浓茶，提起精神，然后仔细地读起来；有时还在报上字里行间画上线条、做记号，以供写作时参考。对于其他报纸金氏则在广泛浏览后，选择需要的材料，剪下粘贴，分类保存。

20世纪70年代末，时任中共中央组织部部长的胡耀邦（1915—1989）曾经要求干部"克期读"：一天精读一万字，也就是日读10页书。他认为："每天坚持读几个钟头，几万字不多嘛。这样日积月累，2亿字不算多吧。"由此可以推知，胡氏在中央党校副校长任上倡导的"克期读"，应该是其自身"克期读"实践的反映。

不少商界精英人士也都不约而同地回忆起"克期读"的校园渊源。京东创始人刘强东（1973—　）曾说：平常再忙，他也会抽出时间来看书。他还说："从上学开始到现在，我一直保持着阅读的习惯，现在我基本上每周至少会看一本书。"

新东方创始人俞敏洪（1962—　）更是"克期读"的铁杆："我定的规矩是每天再忙，读书不能少于50页，这个规矩促使我不断地读书。"这是2015年3月27日俞敏洪在东南大学演讲时，在谈及"我为什么还要每天读书？"时的一席话。俞氏回忆自己的"克期读"来自当年北大学生渴求知识、人均读完500本书的校园阅读氛围。

360公司创始人周鸿祎坦言，我喜欢读书且速度很快，平时太忙主要就是出差和养病时读书，坐一次飞机一般能看几十本杂志或两三本书。据悉，他平均每年看100多本书，而且经常买书送给员工或者发邮件给员工推荐书。

北京大学前校长王恩哥积极倡导"克期读"：甫一上任，便向北大学生提出 10 句话，有学生形容这些话是新的校训，风靡一时。其中，关于"克期读"的一句是："日行万步路，夜读十页书。"

"一周一书"飞入寻常百姓家可期

前述成功者的"克期读"习惯，是否可以被当下更多的书友所复制？回答是肯定的，理由是有如下事实所支撑：

一是，从重点大学成长而来的商界成功者，佐证了"克期读"校园阅读习惯的"复制"渊源。例如，京东创始人刘强东曾说："从上学开始到现在，我一直保持着阅读的习惯，现在我基本上每周至少会看一本书。"又如，新东方创始人俞敏洪曾说："我定的规矩是每天再忙，读书不能少于 50 页，这个规矩促使我不断地读书。"俞氏回忆自己的"克期读"来自当年北大学生渴求知识、人均读完 500 本书的校园阅读氛围。

二是，在普通院校的大学生阶段性成长中，"克期读"校园阅读习惯也不乏成功"复制"的案例。例如，"一周一书"活动在本校师生中收获越来越多的认同度，不少同学坚持一段时间的实践后都能做到"一周一书"，有的甚至能一周"两书""三书"。又如，本院 2017 届本科毕业生中就已有两位成功"复制"了"克期读"习惯并且"立竿见影"而获益；他们一位是本科即创业且当年考取华东师大研究生的林同学，一位是毕业当年即考上同济大学研究生、三年后又进入南京大学读博的张同学。

三是，"克期读"下位的"一周一书"活动，之所以一问世就受到广泛关注和普遍认可与欢迎，重要原因之一，无论是"一周一书"活动还是其上位概念的"克期读"，都能有效对症了阅读多宕期、不便自律操作的难点和痛点，唤醒游走在"克期"和"宕期"边缘人群的自觉意识，帮助书友认识"克期"这一时间倒逼机制在阅读中的正效应，并且可清晰通过阅读实践提升自律意识和水平，"复制"（养成）自己的"克期读"习惯。例如，辐射到多所大中小学校，包括井冈山大学、内蒙古师范大学、上海奉贤中专、上海康城学校、山西太原外国语小学在内的全国多所大中小学校成为"一周一书"阅读共同体大家庭中的成员。再如，"一周一书"活动飞出校园，跨出本埠，受到全国语文界和阅读界的广泛关注和肯定，近年笔者受邀在全国多个省市的机关团体、企事业机构和学校等介绍"一周一书"活动。还有，《光明网》《上海教育》杂志、《新阅读》杂志等七家媒体有十多篇相关的报道、专访或文章见报、见刊、见网。

当然，上述只是有利的一个方面，事实上，情况还有不容乐观的一面，要做好长期奋斗的准备。无论是"一周一书"活动还是"克期读"，要让更多的人所知道、所接受、所践行，不可能一蹴而就，实在任重而道远！

一方面，要坚定信心。近年来，笔者有幸觅得"一周一书"上位概念的"克期读"，且收集到了有关"克期读"的若干史料；在爬梳剔抉中发现，古今中外不少成功者都有"克期读"的习惯；"克期读"作为一种极具成功潜质的阅读习惯，不仅可有效化解困扰多数书友"苦渴无日"之窘境，且具有优良的可复制性。古今中外的成功个案，也给予了充分佐证。另一方面，"克期读"有如此悠久的历史，而且蕴含着科学阅读的基因，理应争妍于时下全民阅读的春天。

然而，当下"克期读"在我国不仅步履蹒跚，甚至尚未引起足够的重视，其推广的难度还很大。究其原因，笔者以为：

（一）"克期读"理论传播缺失，从"粗放"转型"精细"步伐迟缓

"科学技术是第一生产力"，全民阅读推广也不例外。"克期读"作为科学阅读的一个理论（概念），其中蕴含着的阅读效能测试之"阅读速度"和"阅读理解率"等因子。但是这些理论因子的客观存在，自身不会直接作用于实践，而必须为实践者掌握才能发挥作用。

正如马克思《黑格尔法哲学批判》所说"批判的武器不能代替武器的批判"和"理论一经群众掌握，会变成物质力量"这两句话讲了两层意思，前者是说"理论不能代替实践"，后者是说"理论对实践有指导作用"。由此可知，虽然"克期读"为精英人士所掌握并经实践检验颇有成效，但是不会因为科学阅读方法和策略自然就为广大群众所掌握和应用。这就需要来一次科学阅读的启蒙——今天，我们就正处在这样一个需要科学阅读的启蒙时期，而且这个启蒙时期的时间可能还不会太短。

而目前我国全民阅读推广尚处于粗放型泛泛劝读阶段，科学阅读理论尚未占据其应有的地位，科学阅读理论尚未得到有效应用。以"一周一书"活动为例，由于其理论阐解的薄弱，对"克期读"的应用效能认识还十分缺乏，理论的推广力度还

十分有限，因此大大地迟缓了社会各界的认知，进而影响了科学的推广和应用。

（二）"克期读"创新推广不足，从"星火"迈向"燎原"尚待时日

"一周一书"活动作为"克期读"的典型案例之一，有别于大水漫灌式的泛泛劝读，其精准滴灌式的定制劝读模式，蕴含其中的"阅读速度""阅读理解率"等科学阅读基因，准确地命中了全民阅读中的"痛点"和"堵点"，因此能在较短时间内得到阅读界和语文界的普遍关注和认可，而且快速逾越了高校围墙而走进中小学校园、走进社区、融入社会。

"克期读"作为一个具有概括和抽象特点的（阅读）科学概念，其概念的陌生感无疑增加了大家亲近的难度，且互为影响。而创新推广"克期读"的"一周一书"活动不同，它朗朗上口的语言形式，极具易懂、易记的形象识别特点，以及有较长时间、针对特定人群的持续、定向推广，保证了其在（校园）阅读推广中收到良好效果。

由此可鉴，从解剖"一周一书"活动这只"克期读"创新阅读推广的麻雀入手，无疑有助于找准全民阅读推广中的重点、难点、痛点和堵点，辅之以对精英人士科学阅读的经验和策略进行探究、开掘和提炼，并因时、因地、因人精准施策。既要充分估计到迁移和转化过程中的困难，又要主动作为，充分发挥迁移和转化过程中的创造性，积极、稳妥地迁移和嫁接到全民阅读推广中来，高质量地服务更多的普罗大众。

（三）"克期读"基础夯实不够，从"精英"走向"全民"任重道远

从"克期读"实践的枚举，可看出无论是我国古代、现代和当代的认知和实践，都属于精英阶层所为，这与我国教育普及程度有限，且基础夯实不够密切相关。由下述事实可见一斑：19世纪末张元济（1867—1959）先生慨叹4亿人，受教育者只有区区40万人（受教育的人群只占国民的千分之一）；1904年学界已提出普及小学教育的愿景，而到1950年全国文盲人数仍占人口总量的80%；直到1986年我国才提出到2000年基本普及九年制义务教育的目标。

西方发达国家的"克期读"今天已成为常态，这得益于诸如义务教育普及较早（如日本1907年普及小学义务教育）、全民阅读持续推进、科学阅读理论研究深入等诸方面。与西方发达国家相比，我们基础较为薄弱、起步较晚，因此我国全民阅读必然任重而道远，必须久久为功。

"克期读"极简中国古代史

"克期读"，指在约定或限定期限内自律完成一定强度的阅读量，是一种尚不为人熟知的、高效率的读书方法。

"克"，《辞海·语词分册》（上海辞书出版社 2003 年版）载有多个义项，其中一项是："严格限定。常指时日言。参见'克日''克期'。""克期"，就是"约定或限定日期"。例如，克期送达，克期完成。"克"通"刻"，"克期"亦作"刻期"。

"克期读"，不是舶来概念，其实践早就见诸我国古代典籍中，而且我国古代已有不少具体实践的记述。虽然无"克期读"之名，却有"克期读"之实。

"克期读"实践载北宋典籍

据目之所及典籍可证，"克期读"实践早见于我国北宋的文献典籍。

《宋史·贾黄中传》记载："黄中幼聪悟，方五岁，玭每旦令正立，展书卷比之，谓之'等身书'，课其诵读。"所述为北宋有"神童"之称的贾黄中（940—996），其父贾玭要求很严，规定他每天要读一定数量的书籍，办法是将要读的文章篇幅展开，用它来量贾黄中的身高，身高多少就得读完多长的文章。这是成语"著作等身"的史实，现在已经演变为形容著作极多，叠起来能跟作者的身高相等之意。

"著作等身"和"开卷有益"的故事同是发生在宋代，但是"开卷有益"的知名度高得多。

史载：宋初，宋太宗赵光义（939—997）命人编写《太平总类》，收集摘录了一千六百多种古籍的重要内容，分类归成五十五门，全书共一千卷。宋太宗规定自己每天至少要看三卷，一年内全部看完，遂更名为《太平御览》。

宋代王辟之在《渑水燕谈录·文儒》也有相关记载："太宗日阅《御览》三卷，因事有阙，假日追补之。尝曰：'开卷有益，朕不以为劳也。'"宋太宗赵光义"日阅三卷"中所指的数字"三"，非虚指，而是实数。

众所周知，成语是汉语言中经过长期使用、锤炼而形成的固定短语，既简短精辟、易记易用，又富有深刻的思想内涵。由此可鉴，经时间汰洗的成语"著作等身""开卷有益"，其中还蕴含着历久弥新的"克期读"基因。

"克期读"实践的南宋往事

南宋著名诗人陆游（1125—1210）是"克期读"的践行者之一，即使已届垂暮，也"克期读"不已："归志宁无五亩园，读书本意在元元。灯前目力虽非昔，犹课蝇头二万言。"陆氏在《读书》诗中记述自己钟情于"克期读"：虽然眼神已不比从前，却还是规定自己每天读完两万的蝇头小字。

陆诗形象描述了自己"克期读"的情状，诗人勤于治学且老骥伏枥、壮心不已的神态跃然纸上，其读书达人的一面，在此可见一斑。

"克期读"实践不仅流行于南宋士大夫陆游、朱熹等知识界名人之中，且已开始向民间传导。

朱熹（1130—1200）倡导读书要先立程限。"程限"，意思是"期限""规定的进度"，即"克期"。《朱子读书法》云：

> 读书不可不先立程限。政如农功，如农之有畔。为学亦然。今之始学者不知此理，初时甚锐，渐渐懒去，终至都不理会了。此只是当初不立程限之故。

由朱氏门人编纂的《朱子读书法》，还记述朱子读书六法："循序渐进，熟读精思，虚心涵泳，切己体察，著紧用力，居敬持志。"其中朱熹在阐述"著紧用力"时曾说：

> 宽着期限，紧着课程。为学要刚毅果决，悠悠不济事。且如发愤忘食，乐以忘忧，是什么精神，什么筋骨？今之学者，全不曾发奋，直要抖擞精神，莫要昏钝，如救火治病然，岂可悠悠岁月。为学如撑上水船，一篙不可放缓。

"宽着期限，紧着课程"（计划往前赶的安排，提前学完全部功课），对于"（学习）期限"的限定更为严苛，不仅要求"严格限定"，而且要努力争取在期限之前完工的目标，可谓是"克期读"的升级版。

朱子的"克期读",不仅朱子的门人与私淑之徒去积极践行,而且他们还"荟萃朱子平日之训而节其要,定为读书六法",这种将朱子之学借助"读书六法"传播和普及于民间的做法更见成效。

上述诸则"克期读"案例都出现在宋代,绝非偶然,有其必然。众所周知,宋朝作为我国古代经济和文化高度繁荣和发达的重要时期,活字印刷技术的广泛运用,加上宋朝重文轻武的时代特征,读书人地位显著提升,阅读风气空前浓厚,读书经验自然就丰富多样。宋朝"克期读"盛行,确与我国古代经济、社会、文化发展和阅读繁荣实际历史相吻合。

"克期读"倡行于元代私塾

元代程端礼(1271—1345)根据朱熹"读书明理"的教育思想编撰了《程氏家塾读书分年日程》,简称《读书分年日程》,其目的在于纠正当时读书人"失序无本,欲速不达"的种种弊端。全书分为三卷,约6万余字。第一卷,依朱熹读书法,规定读"经"的程序。第二卷,看"史"、读"经"和作文的程序,末附五种表格,注明每日功课纲要。第三卷,辑录《正始之音》,以明辨音义之法;最后阐明朱子读书法六条:循序渐进、熟读精思、虚心涵泳、切己体察、著紧用力、居敬持志。

该书的"提要"说:"考元史本传云,所著有《读书工程》,国子监以颁示郡县。"说明这本书是当时郡县各地私塾所规定的必读书,可知其流传之广、影响之深。

平心而论,《读书分年日程》全书整体就是一部有关"克期读"的著作。文中与"克期读"直接相关的具体规定更是俯拾皆是，如第一卷规定的"克期读"的"序"：约用三四年时间，读完或抄读部分"四书""五经"或"问""集传"诸书。就各年龄段读"经"顺序而言，如八岁入学之前——读《性理字训》，日读三五段；又如八岁入学之后——日读《小学》正文，并规定读经与习字、演文（类作文）时间，试读、倍读次数，日读、夜读时数，以及单日、双日作业等。

"克期读"实践之明朝记事

顾炎武（1613—1682）是明末"克期读"的代表性人物。他不仅强调："人之为学，不日进则日退。"而且其日常为学之"克期"情状也时时处处跃然纸上。

顾氏将《论语》中"博学于文""行己有耻"二者结合起来，并赋予了时代的新内容，成了他的为学宗旨与处世之道。他不仅强调读书，而且提倡走出书斋到社会中去考察。他说："人之为学，不日进则日退。独学无友，则孤陋而难成。"他提倡读书与考察相结合的方法，近似当今的理论和实践相结合。

顾炎武在旅途中是这样"克期读"的。四十五岁时，顾氏离开家乡北上，江南很多朋友作《为顾宁人征天下书籍启》，帮助他一路寻找心仪的善本。找到一册好书，他就通宵达旦地读。能收藏的就收藏，不能收藏的就抄写。顾氏通过"克期读"，将"读万卷书"与"行万里路"有机结合，所读更多，收获更丰，体察更深。

顾氏积其三十年所学的皇皇巨著《日知录》，书名"日知"二字，出于《论语》："日知其所亡，月无忘其所能，可谓好学也已。"我们可以想见顾氏孜孜矻矻"克期读"的身影。

"克期读"实践的清代案例

袁枚，以及曾国藩家族人物无疑是清代"克期读"的杰出代表。

袁枚（1716—1798）在《黄生借书说》中记录了自己青年时期的"克期读"经历："非夫人之物而强假焉，必虑人逼取，而惴惴焉摩玩之不已，曰：'今日存，明日去，吾不得而见之矣。'"袁氏的"克期读"，乃是因为"必虑人逼取，而惴惴焉"。袁氏被逼不能"宕期读"，只能"克期读"。

曾国藩（1811—1872）在家训中有严格的"克期读"要求，"看、读、写、作四者，每日不可缺一"。同时，曾氏还要求孩子将平时所写的字、所作的诗文等与问安的家书一同寄来，便于他检查和监督，他也仔细批阅、注重表扬、激发自信。例如，曾纪泽寄来了草书的习作，不但曾国藩自己有表扬，还将之出示给门生师友传看，于是就有了写作回信中的"柔中寓刚，绵里藏针，动合自然"等评语。再如，曾纪泽完成了《说文分韵解字凡例》一文，他自己先表示"喜尔今年甚有长进"，再请大学者莫友芝"指示错处"。曾氏就是这样通过"克期读"督导和激励孩子们不断上进。

曾国藩还在指导儿子读书、写字、作文之时，常对标"克期读"来检讨自己，现身说法。他细数自己《史记》、"韩文""韩诗""杜诗"、《古文辞类纂》等书的圈批"首尾完毕"，还说"近年在军中阅书，稍觉有恒"，尤其检讨自己读某些书的"有始无终"且深以为憾，既减轻了父子疏离感，更增强了孩子们的"榜样"获得感。他还与曾纪鸿谈到写字不可"求效太捷也"，就说起自己学习《麓山寺碑》"历八年之久，临摹已过千纸"；曾纪鸿的作文不佳，他便回顾自己"二十三四聪明始小开"，直到"三十一二岁聪明始大开"的历程，认为也许小儿子像自己而"聪明晚开"，以作鼓励。

"克期读"助力提升阅读优先

"克期读"的概念目前尚不为大多数人所熟知，因此有必要科普一二。先从"克期读"的一个实践案例说起，那就是肇始于五年前笔者倡导并在上海商学院实践的"一周一书"校园劝读活动。"一周一书"倡导本科生日读五十页，限定一周的期限内读完一本书，实践时间不太长，就不胫而走，不仅在上海商学院名声大噪，而且引起本埠乃至全国阅读界和语文教育界专家的关注和肯定。

究其原因，乃是"一周一书"活动击中了阅读的痛点和堵点，改善了阅读这一"重要但不紧急"事务的时间处理排序，保障了阅读时间的充分和优先供给，摆脱了"没有时间读书"的困境。

若有兴趣了解其中的机理？不妨随我一起，掀起"克期读"改善时间处理排序的盖头来。

优先处理紧急事务，是我们大多数人处理日常事务的惯常做法。而且，大家也几乎默认了这种习惯的合理性。这在商务活动中表现得最为充分。例如，寄送快递，"加急"的收费肯定比普通快递要高，享受"闪送"服务所付出的成本也一定比"加急"多。

这种"成本—收益"的"即时"事实，当然蕴含着其合理性的一面。但是，我们从"非即时"的视角重新审视，却可能发现新的风景，虽然不一定彻底颠覆之前的认知，但至少也能另辟蹊径、别开洞天。看官或许会讶然："何以见得？"

时间管理理论中的"四象限"法则告诉我们，如果把要做的事情按照"紧急""不紧急""重要""不重要"的排列组合分成四个象限，日常事务就划分为四种类型——"重要且紧急""重要但不紧急""不重要但紧急""不重要且不紧急"。针对上述四种类型的事务宜采取"马上做""计划做""授权做""减少做"的处理策略，从而提升日常时间管理的效率。上述原则，并非人尽皆知。

首先，与不知者奢谈践履，不到火候，为时尚早。

其次，即使知晓者，落实到操作层面上，大多数人恐也难以迈过知易行难这道坎。殊不知，惯性的力量十分巨大，大多数人已经形成了优先处理"紧急"日常事务的习惯，想要真正摆脱这个旧的习惯，形成新的习惯，何其难哉！此其一。而且，这种优先处理"紧急"日常事务的习惯，早已积淀为一种"文化"，大多数人置身其中，即使有所觉悟，一不小心又会滑入其中，并且难以自拔。此其二。

虽晓时间管理"四象限"法则，但仍时或困于"优先"操作之难者，其跨越的脚步实际上就只差半步之遥。果乎？此言不虚。实际上，虽拥有"优先"的意识，但是运用过程中尚未达到自动化程度，具体表现为，有时运用得好，有时却勉为其难。这是另一种形式的知易行难。

为了保证处理事务优先排序的科学运用，避免既要考虑"紧急"，又要顾及"重要"时进退维谷的窘境，笔者试着制作一张表格，对四种类型事务的日常处理顺序进行形象性描述。

四种类型事务日常处理顺序表

四种类型事务	理性处理顺序	感性处理顺序	比 喻
重要且紧急	1	1	三楼
重要但不紧急	2	3	二楼
不重要但紧急	3	2	一楼
不重要且不紧急	4	4	地下层

对上表数据作进一步的分析处理，或将大大提升识别能级，降低排序处理难度。显然，容易识别"重要且紧急"和"不重要且不紧急"两种类型的日常事务，且能轻松、恰当做好时间排序处理。

但是，对所剩的"重要但不紧急""不重要但紧急"两类日常事务，要恰当地做好时间排序处理，就不那么轻松，把握起来也容易进退失据。就感性处理顺序而言，多为"3→2"模式；就理性处理顺序而言，应为"2→3"模式。

有人认为：上述感性处理顺序的"3→2"模式，以及理性处理顺序的"2→3"模式，粗看差别细微，似乎无关宏旨，实则不然。引入到阅读这一具体事务的处理上来加以考察，较容易地分辨出两者间的大差别。

阅读这件"重要但不紧急"的日常事务，就理性处理而言，其"优先级"顺序应该安放在"二楼"。但现实（感性处理）是其"优先级"顺序往往被"错配"在"一楼"，混同于"不重要但紧急"的日常事务堆中。常识告诉我们，前者从"二楼"到"三楼"，距离近，跨度小，难度也就较小；而后者从"一楼"到"三楼"，距离远，跨度大，其难度也自然加大。对于绝大多数人而言，不仅跃升至"三楼"无望，而且只能永远徘徊于"一楼"。久而久之，差别将随着时间的推移而愈益彰显。

由此可见，要提升阅读这件"重要但不紧急"日常事务处理的"优先级"，使其达到理想状态，其重点和难点并非在于不遗余力地在其"重要"程度上下功夫，而应该在提升阅读这件重要事务的"紧急"程度上着力。

毋庸讳言，阅读这件"重要但不紧急"的日常事务，将其"紧急"程度提升后，就会带来理性处理顺序的"升级"性变动，即从"重要但不紧急"变为"重要且紧急"，实现由"二楼"顺利晋级为"三楼"。

当然，强调阅读的"重要"程度也并非毫无必要、一无是处。只是这种强调，一定要特别关注其前置条件。换言之，针对性地强调阅读的"重要"程度，对于一部分认识仍然停留在"不重要"阶段的人而言，还是能产生一定成效的。其结果有可能将"不重要但紧急"提升到"重要且紧急"的阶段，实现由"一楼"跳级到"三楼"。但是，现实操作起来很有难度，不宜过分倚重。

综上所述，笔者倡导和实践的"一周一书"活动，改善了阅读这一"重要但不紧急"日常事务的"优先"处理顺序，对症了大多数阅读者纠结的"苦渴无日"的矛盾，在打通阅读的堵点方面有良好的应对，操作简便而收效易见。举一反三，"克期（读）"中所蕴含的改善时间利用之机理，有望迁移至"重要但不紧急"类似事务的处理方面，并且大显身手。

中国共产党人这样"克期读"

在 2021 年中国共产党成立 100 周年之际，笔者梳理共产党人践行"克期读"的案例，一方面，从"克期读"视角来重读中共党史，深化"四史"教育的专题学习；另一方面，彰显全心全意为人民服务的宗旨——虽然这些案例目前尚不为多数人所熟知，但是具有容易学、可复制的特点，对全民阅读推广也极具借鉴价值。

徐特立："总是以'定量''有恒'为主"

曾任中共中央宣传部副部长的著名教育家徐特立（1877—1968），少时刻苦自学，博览群书，手不释卷，以"定量""有恒"为原则，坚持"不动笔墨不看书"的方法，以达学以致用的目的。

徐特立学《说文解字》时，把 540 个部首分作一年来读，每天只读两个字。他教学生学这些部首时，只要求他们每天记一字，两年学完。

1919 年，时年 42 岁的徐特立赴法国勤工俭学，做一个"拄拐棍的留学生"，一边学习，一边做工，以惊人的毅力较快地攻克了语言关。他学习外文用的也是这个方法：每日学一个生字，一年学365 个字。这样持之以恒，终于学会了法文、德文和俄文。

徐特立说："读书时常有'走马观花'、'狼吞虎咽'、'囫囵吞枣'、随读随忘的毛病。不切实际地贪多，既不能理解又不能记忆。我的读书方法总是以'定量'、'有恒'为主。"

董必武：二十几天内把《纲鉴》全部读完

中国共产党创始人之一的董必武（1886—1975），幼年因家贫多借书读，他深知"好借好还，再借不难"而总是如期还书，所以养成了"克期读"的习惯。

董必武小时候家里穷，除了他父亲和叔叔这两位私塾先生用的书外，就没有其他的书了。要看书，只好借人家的。借给他书的是一个有钱人家的孩子，也是他的同窗，每次只借一本书，每本还限定只借一晚。董氏白天要上学，只有晚上才可以读这些书。因为看书也点不起灯，如果要夜读，就只能和纺线的母亲共用一盏煤油灯，因为"母亲的纺织是为家计生存"而劳作。就是这样借书来读，到十岁左右的时候，他已读过《三国演义》《东周列国志》《水浒》《七侠五义》《尔雅》《左传》等许多图书。

有一次，他想办法借到一部《纲鉴易知录》，书主限定一月归还。他在二十几天内把近200万字文言文的《纲鉴易知录》全部读完了，还做了简要的读史札记。

瞿秋白：严格按照制订的计划读书和自修

无产阶级革命家的瞿秋白（1899—1935）牺牲时年仅36岁，从1920年底以记者身份赴苏采访算起，他为革命工作的时间，也不过是15年。可是在这不长的时间里，瞿秋白却留下了大量的著述。这些除了个人天资聪颖、修养深厚外，不得不说得益于他幼年形成的"克期读"习惯和严谨的治学态度。

在小学堂读书时，瞿秋白就非常用功，每次考试成绩总是优等。由于成绩出众，11岁那年，小学还未毕业就考进了常州府中学堂（今常州高级中学）。除努力学好学校规定的功课外，他平时常常将文史哲的书籍带在身边、随时阅读，并在书眉上写满自己的思考。他十分关心国事，经常阅读报刊、新书，还常在学堂附近的"红梅阁"与同学张太雷等人畅谈古今、议论时政。

就在中学读书只剩半年就毕业了，瞿秋白却因为贫困不得不辍学去谋生。他深知愚昧者面前只是一片漆黑，只有知识才能带来社会文明和人生光明的前途。他不甘心于知识的贫乏，于是毅然去寻求通向知识王国的光明之路。先后辗转前往武昌学习英文，后于1917年夏求学到北京进入公费学校——俄文专修馆。他的学习是严格按照计划进行的，除了按时学习俄国语言和文学外，还订了自修计划，学习英文、法文、文学、哲学等。为了完成每天的读书计划，他一天学习11个小时以上，常常深夜不眠。他治学态度严谨，喜欢深入钻研问题。他所读《汉书·艺文志》《盐铁论》等书，都用朱笔小楷注满眉批，详加考证和评述，从不愿浅尝辄止。即使夹衣蔽体、苦熬严冬，瞿秋白的读书和自修计划也没有中断，这样他很快学会了俄文，并粗通法文、英文，了解了各种社会思想，接触了马克思主义。

即使在旅苏的两年里，因病重多次住院治疗的瞿秋白，照常很乐观地努力学习、按时工作。病得不能起床，就躺着看书，伏在枕上写作。他以惊人的毅力战胜病魔，在病中总是计划着要看什么，写什么著作，真是"一秒钟也不能停息"。当时他说："我一天不读，一天不'想'，就心里不舒泰。"

李一氓：自己排了个日程，每天看十多页

曾任中共中央对外联络部常务副部长的李一氓（1903—1990）终身酷爱读书，博学多才，发表论文、著述共 140 多篇，出版《一氓题跋》等专著 10 多本。近 80 岁高龄时，他还主持国务院古籍整理出版规划小组工作，为我国古籍的抢救保存、分类整理作出了巨大贡献。他一生或戎马倥偬，或公务繁忙，却始终与书香相伴左右，这与他的"克期读"习惯不无关联。

1941 年夏，李氏从皖南事变中突围出来，辗转到江苏盐城，无事可干，他就专心读书。先是看《三国演义》，后来他见同事有部由郭大力、王亚南翻译的《资本论》第一卷，便借来阅读。他自己排了个日程，《资本论》第一卷有八百多页，每天看十多页，争取两个月看完。他读得很仔细，"克期读"完后觉得很有收获。

李一氓"克期读"的收获并未止于纸上，还继续指导着工作实践：组织上分配他去淮海区党委任副书记后，他就遇到如何开展减租减息斗争，使地主、佃农双方利益兼顾的问题。他原本不懂经济，但这时马克思的"剩余价值学说"帮了他大忙。经过调查，李一氓弄清了地主与佃户的剥削程度，妥善地解决了这个问题。

陈云：规定自己"每个星期读三四十页"

老一辈无产阶级革命家陈云（1905—1995）曾规定自己每个星期至少读三四十页书，并且每字每句都必须读懂。正是日积月累的

勤奋研读，使陈云能够敏锐地从经济与政治的角度纵观历史、认识世界。这为他坚持实事求是和创造性探索，提供了深厚的理论、知识基础和开阔的视野。

他曾说："像我们这样没有什么底子，各种知识都很缺乏的人，要老老实实做小学生。……可以每个星期读三四十页，每字每句都要读懂，不懂的就要认真请教。"

陈云还将"克期读"方法推己及人，并且通过读书小组加以创新。延安时代，他在中央组织部工作时，成立读书小组，组织干部学习哲学，并形成了一个很好的风气："那时规定每周要看几十页书，每星期六用半天时间进行讨论。"小组除认真学习毛泽东哲学著作外，还选了《资本论》《列宁选集》《马克思恩格斯选集》等经典。为了扩大知识面，读懂弄通并会用哲学，同志们还阅读了一些参考书，如我国早期革命家李达写的《新社会学大纲》、日本哲学家河上肇的著作等。此外，陈云还经常带领大家学习其他方面的政治书籍、中央有关文件和指示、现代自然科学技术基础知识、社会科学知识等。

陈云的体会是，"克期读"有利于与懒惰作斗争，须订出一个切实的读书计划，照着去办，并坚持不懈。

华罗庚：十天自学啃完一本微积分教科书

作为共产党员的华罗庚（1910—1985）是一个传奇式的人物，他来自社会底层，经过艰苦奋斗，从一个无名的小卒成为举世公认的数学大师。他一生共上过九年学，只有一张初中毕业文凭，完全是依靠刻苦自学才踏上成功之路。其中，"克期读"无疑是其自学成功最重要的方法。

自从初二时他的数学天赋被独具慧眼的王维克发现后，华罗庚渐渐地把全部精力投入研究数学，王维克老师也尽心尽责地培养和教育着华罗庚。课堂上所讲的内容已远远不能满足他的要求了，他从王老师那里借来一些书，利用课余时间向更深奥的数学领域进军。有一次，王维克借给他一本美国人写的微积分教科书，不料，华罗庚借了十天就送还了。老师开始怀疑他是否认真地阅读了，就提几个问题考考他。没想到，华罗庚竟对答如流，甚至把书中的误印之处也指出来了。

1925年夏季，华罗庚以优异的成绩初中毕业。他多么希望能继续上学，一心一意地钻研他热爱的数学。但家境贫寒的残酷现实打破了求学之梦。华罗庚开始了艰辛的自学生涯，凭着他百折不挠的求学精神，战胜了少书、缺师、贫穷等一系列问题，不断摸索着前进，形成了自学的一套方法。沉醉在数学王国里的华罗庚，用了五年多时间自学完了高中和大学初年级的数学课程，为他研究数学理论打下了扎实的基础。

1932年秋，华罗庚几经周折来到了清华大学数学系当一个普通管理员。华罗庚如鱼得水，每天废寝忘食、如饥似渴地遨游在图书馆浩瀚的书海里。甚至还学会了熄灯后在黑暗中也能读书的本领。每天晚上睡眠前，他拿出要读的书，记清了题目，熄灯铃后，就躺在床上心算这个题目，演算完了，记住答案；第二天对照书本，验算正误。凭着这一本领，他人往往要十天半月才能读完、弄懂的数学书，他只用一两夜时间，就读完弄懂了。半年后，华罗庚被破格聘为助教，登上清华讲坛，讲授微积分。这期间，他除了上课外，每天至少读八个小时以上的书。用了一年半的时间，他就攻下了数学系的全部课程，还自学了英文、法文和德文，为后续的研究奠定了扎实的基础。

田家英：自创"读白蹲"读书法博览群书

曾担任毛泽东秘书长达十八年的田家英（1922—1966），幼年时期因无钱买书而被迫"克期读"，田氏自谑为"读白蹲"。

田家英从小爱读书。虽然因三岁失怙、十三岁失恃而被迫辍学，但是他不屈从命运的安排，上进心反而更强烈了。他在自己的蚊帐上，挂了一副对联"走遍天下路，读尽世上书"，立志刻苦自学。白天，他把药铺当书房，柜台做书案，利用生意闲暇读书；晚上，则躲在房中专心读书。

在这段时间里，田家英四处找书来读，大哥大嫂给他的很少一点零花钱，他都花在买书上。成本的书价钱贵，买不起，他就买上海开明书店出版的几文钱一份的《活页文选》。一有空闲，便去逛书摊，他是住家附近成都西玉龙街和祠堂街两家书店的常客。田家英逛书摊，并不买书，而是读书。他看到自己喜爱的书，就蹲在书摊边看起来，时间久了，被老板发现，将他撵走，他离开转一圈又回来，拿起书接着看，老板撵过几次，他转了几圈，就这样把一本书读完了。这是田家英在困境中被逼出来的读书法，自己取名叫"读白蹲"。

杨业功：每天读2小时，双休日读4小时

中国人民解放军第二炮兵某基地原司令员杨业功（1945—2004），他一生枕典席文，把读书学习视为一种工作责任，当作一种精神追求，自觉把读书作为自己的第一需要，长期坚持每天至少读书2个小时，双休日至少读书4个小时。

在杨业功纪念馆里，陈列着杨业功生前的一笔"时间账"：每天挤出4小时用来学习，节假日抽出一半时间来读书，一年用于学习的时间2 000小时左右，共计83天。

2002年，57岁的杨业功报考了军事科学院在职研究生，不管工作多忙多累，学习任务一项不落，就算后两年重病在身，他仍以惊人的毅力修完全部课程，躺在病床上完成了《建立联合作战指挥机构应把握的问题》这篇用生命书写的毕业论文。

上述所梳理的八个案例，是各个时期的中国共产党人，在"克期读"践履方面的实践。文中所涉不唯有"克期读"之名，而亦重"克期读"之实——同时符合"阅读数量明确"和"阅读时间限定"两个方面特征的阅读行为。

"克期读"在外国

"克期读"实践在西方发达国家早已不鲜见，在发达国家甚至还成常态，试举如下诸例证之。

苏联的斯大林（1878—1953）给自己定的阅读任务是每天看书不少于 500 页。由此可见，斯大林堪称"克期读"的模范。史料记载，为了达到这个目标，他在喝茶时也不忘看书，于是，有的书上就留下了偶尔被茶水沾过的痕迹和茶杯托的印记，有的书还留有清洗烟斗时留下的黄色尼古丁痕迹，其中也会撒上一些烟灰。他几乎每天让服务人员送一些新版的书籍和报刊给他。他 1938 年说："我每天要读五百页书……这是我的定额。"在看书时，他喜欢用五颜六色的铅笔对书中内容勾勾画画。他会把特别有意义的内容读上多遍，并借助不同铅笔的颜色帮助自己记忆。看到兴致处或需要休息，他就会折上书角，或者夹上书签。

苏联科学家柳比歇夫堪称"克期读"的极致。《奇特的一生》一书记述了他用"时间统计法"来管理自己日常所有"事件·时间"，他记录每次每件事（包括阅读）及其时长，他的"克期读"在我们常人眼中"严苛"到了无以复加的地步。柳氏针对过程的"事件·时间"日志是这样的："……他清楚地了解这些数字的真正价值，他给自己规定了定额，他拿着秒表监视自己，他自己奖励自己，自己惩罚自己。"

《富兰克林自传》中有关他将 13 个美德培养成习惯的详细记述

表明，富兰克林是一个极其自律的人。"克期读"对于他而言早就习以为常了。富氏与我国清代袁枚在《黄生借书说》中所述何其相似：由于家境贫寒，当印刷工的报酬也很低，他便从自己认识的几个书店的学徒和一些藏书多的人那里借书读。借来之后，他赶快回到家，点起一盏小油灯来读。读得疲乏了，他就用冷水洗洗脸，坐下来继续阅读，直到读完为止。第二天，他准时把书还给朋友。朋友们称赞他是一位守信用的"读书迷"。

美国伟大的发明家爱迪生（1847—1931）一生的发明多达一千多项，被誉为"发明大王"，这自然与他的勤奋读书分不开。他常常通宵达旦地读书，查资料，困极了，他就以书当枕，在实验室躺一会儿。除了勤读、苦读外，爱迪生鲜为人知的阅读"秘诀"就是"克期读"：他要求自己每天读三本书（"日读三书"）。因此，他在79岁时自豪地宣称："我已是135岁的人了！"（曾祥芹等主编《阅读学原理》，大象出版社1992年版）

再来看看日本"克期读"的案例。1976年日本由新潮社创办始，之后角川书店和集英社等出版机构纷纷跟进，发起面向民众的"夏日100册"阅读活动：每年七八月份，日本的出版机构从自家文库中选出100种图书，把书单做成精美的宣传手册，在各书店免费发放，启动该项阅读活动，以合力培养"夏天＝读书"的国民心理。

吕叔湘先生在1979年《吕叔湘论语文教学》一文中谈到国外高校"克期读"情形时是这样说的：

外国的那些大学里头，特别是当研究生的，老师给你讲那么一次以后，开一个很长的书单子给你，三十本，五十本，要你看。一门课是这样，两门课加倍，三门课三倍。如果一个字、一个字看下去，这个速度，一个学期只能看个三本、五本。那些老大厚的一本一本的东西，你一定得在有限的时间里头，把大量的需要读的书都读了。

美国大学校园"克期读"未见明文规定，但不少高校"克期读"似有约定俗成之"一日一书"。例如，纽约大学比较文学系教授、东亚系主任张旭东在《经典阅读在全球化时代的大学》演讲中指出："美国本科生和研究生课程，一般是每门课一周一书的量。"（载《文汇报》2013 年 7 月 4 日）又如，斯坦福大学校友张瑜芳介绍说："进入美国大学后，你会发现，学业很繁重，一门科目一周的阅读量往往是 400、500 页，如果有三科，那就接近 2 000 页。"（《斯坦福妈妈告诉你，"名校"到底要什么》，《文汇报》2012 年 11 月 3 日）

笔者调查所得也印证了美国高校"一日一书"的"克期读"常态：美国新罕布什尔大学金融专业本科生一学期一般修读 4 门课程，一门课程每周的阅读量不少于 300 页，并需要写一篇文章。折合阅读量一般要达到"一日一书"。

如果说，上述主要是个体化的"克期读"，而且更侧重对美国高校"克期读"的图景描述，那么，美国中小学校园阅读则有量大面广的"克期读""规定动作"。美国的《各州共同核心标准》要求，小学毕业生至少需要阅读 1 404 本课外读物，阅读量占到全部 K－12 年级阅读量的 77.6%，且涉及故事、诗歌、戏剧、信息类等不同种文体。中学阶段的阅读量虽然低于小学阶段，但是阅读难度要求随着年级的升高而增加。例如，难度较高的"非文学类"阅读要求，美国国家教育进步评测机构（NAEP）提出的参照标准是：4 年级 50%，8 年级 55%，12 年级 70%。

"克期读"在西方发达国家盛行，可以给我们诸多借鉴：一是要进一步深化将"阅读速度"和"阅读理解率"作为"克期读"关键要素的认知，加快从粗放型劝读向精细化指导的转型。二是积极推进"克期读"的实践，以及与之相关的理论总结，努力在"跟跑"中积累，并再久久为功后争取"并跑"。三是树立"克期读"见效是一项系统工程的思路，充分认识到西方发达国家"克期阅读"今天成为常态，得益于诸如义务教育普及较早（如日本 1907 年普及小学义务教育）、全民阅读持续推进、科学阅读理论研究深入等背景。

科学养成"克期读"之习惯

所谓"克期读"，指在约定或限定内完成一定强度的阅读量。这种读书的科学方法，在我国北宋的典籍种已有详细记载，为不少名人运用，有着悠久的历史，案例不绝如缕。

"克期读"作为严格期限的高效率阅读，既是我国优秀传统文化的珍贵遗产，也被西方发达国家广泛应用于校园阅读（例如，美国《各州共同核心标准》要求，小学毕业生至少需要阅读 1 404 本课外读物，中学阶段的阅读量 400 本左右且阅读难度不断增加）。遗憾的是，"克期读"在我国校园阅读实践中却成效不彰，即使在国际大都市的上海也鲜有大作为……经过观察和思考，笔者以为，可以从以下三个方面科学总结、大胆创新和积极实践"克期读"。

一要重塑传承"克期读"的文化自信。坚定"克期读"的文化自信来自三个方面的支撑：首先，"克期读"，不是舶来概念，它根植于中华民族阅读的沃土，且在千年以降的阅读实践中不绝如缕，这是我们文化自信的力量源泉。其次，目前我国每年都有超过50 万的出国留学生，都能完成定量的、强度较高的国外"克期读"，应该成为坚定而不是削弱我们"克期读"自信的佐证。再次，笔者致力于"克期读"之一的"一周一书"高校校园阅读实验已逾五年，学生中完成"一周一书"甚至"一周二书""一周三书"者比比皆是，事实证明我国学生"克期读"的潜能亟待开发。

二要发布阅读定量引导"克期读"习惯养成。虽然我国义务教育语文课标中也有"课外阅读总量要达到 400 万字以上"的定量指标，但这一"克期读"定量（引导）指标明显过低，是有名无实的"克期读"，无助于阅读习惯养成。此外，切勿简单地将"减负"与机械"减量"画等号，因为阅读习惯的科学养成，依赖大量阅读的支撑、较高阅读强度的刺激、持久的阅读窗口期的转化等各种因素和规律。在此笔者建议，上海作为教育综合改革试验区，应该对标加快全球科创中心建设的要求，率先发布"上海学生阅读指标"，跨出柔性阅读引导的第一步——不仅有小学、初中、高中阅读不少于 500 本、300 本、200 本的定量要求，而且还有小学、初中、高中不低于 40%、50%、60%的"非文学类"阅读结构约束，等等。

三要借力全民阅读氛围提升校园"克期读"。一方面，让全民阅读为校园阅读提供强大的阅读支撑和保障。民间读书会、公共图书馆等文化机构为反哺校园阅读提供了厚实基础和极大便利，我们要善于整合、利用和转化，实现校园阅读、家庭阅读和社会阅读的融合和互动，实现全民阅读的良性循环。另一方面，校园阅读要立足校园而不囿于校园、不囿于单一学科。校园阅读要秉持积极、开放的心态和思路，开门引阅读、开门强阅读。"开门引阅读"是将社会阅读、家庭阅读的资源引进来，为我所用、为我服务。"开门强阅读"，即阅读不应该是语文一个学科的单打独斗，而是所有学科的教师齐动员、齐上阵，开展多学科阅读的大协作，共同致力于提升学生全面发展的大阅读。

第四章

阅读力应用：主题阅读

阅读中的珠穆朗玛

笔者曾经用"主题阅读：阅读皇冠上的明珠"为题作过演讲，尝试具象地定位"主题阅读"在阅读版图中的坐标，助力包括自己学生在内的广大受众了解主题阅读的内涵和特征，深化对主题阅读的功效认识，以及强化主题阅读能力培养的紧迫性，等等。

演讲中，笔者已经意识到对主题阅读的能力形成的"艰难"谈得很不够。事后反复思忖，渐渐明白"阅读皇冠上的明珠"，看起来很美，也很高大上，但是仍然停留在"王谢堂前"，不太接地气，离"飞入寻常百姓家"尚有相当的距离。于是，在后续梳理时，笔者将其改成了"主题阅读：阅读中的珠穆朗玛"，强调主题阅读能力培养的艰辛，引起阅读者进一步重视，并希冀书友按照技能性知识学习规律展开扎实而有针对性的训练，顺利地实现阅读力的晋级。

立此存照，笔者将"主题阅读：阅读皇冠上的明珠""主题阅读：阅读中的珠穆朗玛"并立于此，以助益书友们加深主题阅读的认识。

主题阅读之札记

主题阅读，是《如何阅读一本书》（莫提默·J.艾德勒、查尔斯·范多伦著，郝明义、朱衣译，商务印书馆2004年版）中重点介绍的名词概念之一。该书将阅读一本书切分成依次递进的四个层次：基础阅读（elementary reading）、检视阅读（inspectional reading）、分析阅读（analytical reading）和主题阅读（syntopical reading）。主题阅读是其中的第四个层次，是阅读的最高层次。

该书第21页，对主题阅读有下列描述：

第四种，也是最高层次的阅读，我们称之为主题阅读（syntopical reading）。这是所有阅读中最复杂也最系统化的阅读。对阅读者来说，要求也非常多，就算他所阅读的是一本很简单、很容易懂的书也一样。

……在做主题阅读时，阅读者会读很多书，而不是一本书，并列举出这些书之间相关之处，提出一个所有的书都谈到的主题。但只是书本字里行间的比较还不够。主题阅读涉及的远不止于此。借助他所阅读的书籍，主题阅读者要能够架构出一个可能在哪本书里都没提过的主题分析。因此，很显然的，主题阅读是最主动也最花力气的一种阅读。

……此刻，我们只粗浅地说，主题阅读不是个轻松的阅读艺术，规则也并不广为人知。虽然如此，主题阅读却可能是所有阅读活动中最有收获的。就是因为你会获益良多，所以绝对值得你努力学习如何做到这样的阅读。

艾德勒氏在上文中用"六个最"来描写主题阅读，并强调主题阅读的地位、难度、强度和挑战性，以及成效。具体是：

——主题阅读，是最高层次的阅读。

——主题阅读，是所有阅读中最复杂也是最系统化的阅读。

——主题阅读是最主动也是最花力气的一种阅读。

——主题阅读却可能是所有阅读活动中最有收获的。

"无限风光在险峰"，王安石在《游褒禅山记》中亦说："而世之奇伟、瑰怪，非常之观，常在于险远，而人之所罕至焉，故非有志者不能至也。"如果把"一个最"折算成山峰的 1 000 米高程，那么具有"六个最"的主题阅读，至少有 6 000 米。比照着实物，就是青藏高原中部的唐古拉山脉，平均海拔 6 000 米。先不谈登顶 6 000 米的高峰，就是来到海拔 3 650 米的拉萨，不少人已经濒临生理极限。

为了增进读者理解 6 000 米的高峰，举例红军伟大长征中翻越过的海拔 4 000 米以上的五座山峰作一对比。它们依次分别为夹金山（主峰海拔 4 950 米）、梦笔山（梦笔山垭口山顶海拔 4 047 米）、雅克夏山（海拔 4 443 米）、昌德山（海拔 4 283 米）、达古山（海拔 4 752 米），皆位于世界屋脊，终年积雪。

收益与投资成正比。主题阅读收效最显，自然掌握的难度也不可能小，读者需要达到应用的程度，其训练的难度和强度可以想见。如果要实现自动化，运用起来得心应手，加上需要通过表达（口头表达和书面写作）有所呈现，登顶的难度将更大、更艰巨。对此，我们必须保持清醒的头脑。

从某种程度上说，认识到"主题阅读：阅读中的珠穆朗玛"这个命题，只是万里长征走完了第一步，真正要攀登珠穆朗玛，还需要经历漫长的过程、解决若干的问题。

定义特征与操作

需要说明的是，目之所及，使用过"主题阅读"这一概念的书籍，不止于个别。然而，为保证所谈"主题阅读"的一致性，分别有名有实、有名无实、无名有实的不同情况，大有重新界定之必要，以避免以讹传讹，我们至少要尽量保证所谈主题阅读内涵在一个大的区间内。

综合所见，梳理自己多年在学术研究中运用主题阅读的实践，将"主题阅读"定义、主要特征、操作步骤概述如下。

（一）主题阅读的定义

主题阅读，或称主题读写，是为了解决某一具体问题或形成某一专项能力，全面搜集与该问题（对象）相关的材料和信息（图书、资料、影像、调查等），综合运用基础阅读、检视阅读、分析阅读等方法，并开展正反、纵横、上下、线性非线性等相关的比较和分析，谨防片面，注重辩证，历经反复的去粗取精、去伪存真，最终将具体解决方案进行条理化阐述的系列阅读和表达过程。

（二）主题阅读的主要特征

一是，阅读目的具体：解决某一问题或者培养某项能力；

二是，阅读内容全面：阅读材料在数量上是"韩信将兵，多多益善"；

三是，阅读方法综合：综合运用基础阅读、检视阅读、分析阅读等阅读方法；

四是，阅读质量辩证：开展正反、纵横、上下等相关的反复比较和分析；

五是，阅读结果明确：最终要解决问题、产出新知。

（三）主题阅读的操作步骤

步骤1：找到相关的章节；

步骤2：带引作者与你达成共识；

步骤3：厘清问题；

步骤4：界定议题；

步骤5：分析讨论。

主题阅读之举隅

如果说大多数人对"主题阅读"比较陌生，这是可能的，但是上海市乃至长三角地区的师生和家长对"研究性学习"（近似主题阅读）应该不太陌生。因为，肇始于1988年的上海三轮课程改革（1988年起，第一轮课程改革；1997年起，第二轮课程改革；2017年起，第三轮课程改革），都或浅或深地涉及"研究性学习"这个与"主题阅读"特征相近的概念。具体而言，上海市前两轮课改中，就课程设置而言，由"必修课、选修课、活动课"到"基础型课程、拓展型课程、研究型课程"；就学习方式而言，随着上海市1996年开始率先探索"研究性活动课程"，"研究性学习"模式开始走进上海市中小学生课堂。

研究性学习，或名探究型学习，是指学生在教师指导下，从自然、社会和生活中选择和确定专题进行研究，并在研究过程中主动地获取知识，以解决问题的学习活动。研究性学习是师生共同探索新知的学习过程，是围绕解决问题共同完成研究内容的确定、方法的选择及为解决问题相互合作和交流的过程。

研究性学习的过程包括：确定课题、组织分工、收集信息、整理分析信息、创建答案/解决方案、评价与展示作品等几个步骤。

其主要特点：1. 教学内容、学习环境开放化，对原有教材上的内容进行拓展，给学生营造一个开放的学习环境，给予学生自主探究的机会；2. 学习方式多样化，不局限于传统教师讲、学生听的机械方法，而是引入讨论、任务驱动、问题导向、小组合作等多种以学生为主的学习方法；3. 师生互动双向化，不仅教师可以向学生提出问题，也可以由学生向教师提出问题，让课堂上知识的内化更加有效。

由上述梳理可知，研究性学习虽无"主题阅读"之名，但已具备了"主题阅读"之实。笔者认为，其学习过程中比较充分地运用了主题阅读的方法，具备了主题阅读基本要素，可以视为"准主题阅读"。如此，由近及远、由此及彼，可以有效缩短主题阅读与读者的距离。

为了助益书友更深入的理解"主题阅读"及其特征，试举数例一窥"主题阅读"之一斑，尝试从结果（表达）的视角回眸，来深化认识"主题阅读"及其过程。

请读司马迁在《报任安书》中借八位先贤砥砺磨难、成就伟业以明志的一段文字：

文王拘而演《周易》；仲尼厄而作《春秋》；屈原放逐，乃赋

《离骚》；左丘失明，厥有《国语》；孙子膑脚，兵法修列；不韦迁蜀，世传《吕览》；韩非囚秦，《说难》《孤愤》；《诗》三百篇，大抵贤圣发愤之所为作也。

再读文天祥在《正气歌》中以古代 12 位先辈的高洁行为喻示追求浩然正气的志向：

时穷节乃见，一一垂丹青。在齐太史简，在晋董狐笔。
在秦张良椎，在汉苏武节。为严将军头，为嵇侍中血。
为张睢阳齿，为颜常山舌。或为辽东帽，清操厉冰雪。
或为出师表，鬼神泣壮烈。或为渡江楫，慷慨吞胡羯。
或为击贼笏，逆竖头破裂。是气所磅礴，凛烈万古存。
当其贯日月，生死安足论。地维赖以立，天柱赖以尊。
三纲实系命，道义为之根。

再如，孟子在《生于忧患，死于安乐》中所举 6 人"被举"自"底层磨砺"：

舜发于畎亩之中，傅说举于版筑之中，胶鬲举于鱼盐之中，管夷吾举于士，孙叔敖举于海，百里奚举于市。故天将降大任于是人也，必先苦其心志，劳其筋骨，饿其体肤，空乏其身，行拂乱其所为，所以动心忍性，曾益其所不能。

以历史上的"北大旁听生"为主题，通过查阅资料，梳理归纳，初步形成了阶段性成果的 12 个素材：（1）1917 年，瞿秋白来京报考北大（北京大学，下同），因交不起学膳费，而在北大旁听；（2）毛泽东两次在北大旁听：第一次是 1918 年 8 月至 1919 年 3 月，第二次是 1919 年 12 月至 1920 年 4 月；（3）1918 年，成舍我到北大旁听，后成为中国报界巨子；（4）1919 年，孙伏园和其弟孙福熙一起到北大旁听，后成为副刊大王；（5）1921 年，曹靖华在北大旁听，后为北大教授、著名翻译家和散文家；（6）1922 年，20 岁的沈从文脱下军装，希望获得大学教育，从湘西来到北京，小学学历又无经济来源的他，就在北大旁听；（7）1924 年，丁玲赴北京，在北大旁听文学课程，其间结识沈从文；（8）1925 年，冯雪峰在北大旁听日语，其间发表新诗《柳影》、散文《原火》；（9）1925 年，柔石怀着对知识的渴望来到北京，在北大旁听；（10）1930 年前后，王度庐少时家贫，无力为学，只能到北大偷师学艺，遂成一代武侠小说家；（11）1933 年，小学学历的金克木来到北大旁听，后成为北大教授；（12）保安甘相伟业余在北大旁听获得文凭，有《站着上北大》著作为证。

以"劝谏"为主题，通过广泛阅读和搜集，初步整理出历史上的 11 则劝谏经典故事：（1）比干劝谏商纣不能奢侈，却被残暴地杀害；（2）晏子因势利导进谏齐景公反思滥用酷刑之弊；（3）邹忌以身边事劝谏齐威王警惕奉承话语；（4）触龙以柔克刚劝谏赵太后，化解强敌压境的危机；（5）薄太后据理说服文帝，辨明周勃不具谋反条件；（6）晁错直言劝谏汉景帝成功，却埋下祸根被腰斩；

（7）张玄素上书直谏唐太宗罢修洛阳宫，受赏；（8）魏征用类比法劝止唐太宗放弃泰山封禅；（9）书法家柳公权借讲笔法成功规劝唐穆宗；（10）刘伯温呈画，委婉劝谏朱元璋勿无功封赏；（11）杨继盛弹劾奸臣严嵩，反被陷害冤死牢中。其中1至8例为正面案例，9至11为负面案例。

又如，笔者在授课白居易《长恨歌》时，讲到"回眸一笑百媚生"一句，出示了收集来的若干"回眸一笑"照片，让学生们在"回眸一笑"的主题阅读中，体悟"回眸一笑"的瞬间之美。在讲到"遂令天下父母心，不重生男重生女"一句时，引用了杜甫《兵车行》的句子："……信知生男恶，反是生女好。生女犹得嫁比邻，生男埋没随百草。……"

学者谈主题阅读

主题阅读，由于引自译著《如何阅读一本书》，可能不为更多读者所知；且该书对此的论述容量较小、实例太少、稍嫌简略，更多读者对此的理解和把握难免困难。加之坊间关于"主题阅读"的其他著述又多语焉不详，零散的阐述更多或有名无实，或有实无名。鉴于此，笔者遴选国内学者有关"主题阅读"的论述，着力于探究"有其实"，尝试"本土化"对接，助力更多读者尤其是大中小学生了解、掌握和运用主题阅读。

李杏保：立体式研读法

笔者自1998年起在上海师范大学攻读研究生，师从陶本一教授，同时得到李杏保教授的亲炙。李教授以独创的"立体式研读法"，引领笔者叩击学术之门，一步一步登上学术厅堂，向堂奥不断奋进。

李杏保（1939—2017），著名语文教育家，祖籍江苏省南京市，笔名忻葆。他是语文学科教育史研究的主要开拓者，任中国教育学会语文教学法专业委员会学术顾问，为上海师范大学教授。代表作有《中国现代语文教育史》《国文国语教育论典》等。李师曾着力于阅读教学与研究，有编译著作《成功的阅读》行世。

李师所言"立体式研读法"，是以拟研究的某一问题为中心，将已有的书籍和材料等集中在书架的某一个显豁位置，以已有材料為出發點開始研讀和比對思考，並在研讀中盡可能不斷地拓展和延伸，或借閱、或購置，或復印、或抄錄等，將自己目之能及範圍內的所有直接或間接相關的資料搜羅、占有殆盡。李師化用白居易《長恨歌》詩句將下功夫搜集材料，喻之為"上窮碧落下黃泉，四處茫茫皆找遍"。

這樣，在一定的時間段內，先通過立體搜羅、蔓延閱讀，無論正反巨細，集中了與問題相關的所有能找到的古今中外的文獻、書籍、報刊等材料；再通過廣泛閱讀、反復思考、深度比對，對材料盡量做到去偽存真、去粗取精，甚至深入現場開展相關調研和驗證，對該問題的把握就可能不偏不倚；最後據此找出的方案就比較可行，寫出來的文章及其結論就更為可信。

"立體式研讀法"，是李杏保教授開展學術研究的成功經驗，雖無"主題閱讀"之名，卻有"主題閱讀"之實。而且，筆者所記更是掛一漏萬，回顧受教李師18年，有太多的操作要訣和注意細節：記得在學位論文撰寫、書籍編纂等具體問題的處理中，李師先是因勢利導、循循善誘，幫助我突破瓶頸時，還不時手把手，非親身體驗，難以全面把握。李氏強調主題閱讀和表達的自動化，非置身其中，其"立體式研讀法"點撥之妙，恐難以深切體會。

郭沫若：為研究而讀書

郭沫若（1892—1978），本名郭開貞，字鼎堂，號尚武，四川樂山人，著名詩人、歷史學家、考古學家。曾任中國科學院院長、中國科學技術大學校長等職。著有《甲骨文字研究》《殷周青銅器铭文研究》《李白与杜甫》《出土文物二三事》等。

郭氏在《我的读书经验》一文中指出，"目的不同，方法也就不免有些差异"。文中谈到四个不同目的的读书方法：为学习而读书，为研究而读书，为创作而读书，为娱乐而读书。笔者以为，"为研究而读书"之方法，颇近主题阅读，故摘录如下供书友参酌：

为研究而读书，这或许是狭义的读书方式。譬如研究一门特殊学问，或者特殊问题，凡关于那门学问或那个问题的一切书籍和资料，必须尽可能把它们全都搜罗，把它们读到滚瓜烂熟，这样，你对于那个问题便有了充分的把握，你就可以成为该门学问的权威。

在研究上，你自然有充分的自由，但如果你是有责任心的人，你的自由依然是相对的而非绝对的。

例如，我有研究古代史的志趣，为了完成这志趣，我下了一番苦功，把甲骨文字和青铜器上的铭文完全征服了。这些都是进步人士视为落后的东西，一向被人认为是一些吃饱了饭没事做的古董家拿来消磨时日的东西，因此当我在研究这些资料的时候，也曾受过进步人士的非难，指责我为玩物丧志的人。然而我忍受着这些斥责，把我的志趣贯彻了。在今天凡是有志于古代文化研究的人，似乎都沿着我的旧路走。

为研究而读书，我的方法是：（一）直探本源，不受前人的束缚；（二）搜罗一切资料，集腋成裘；（三）对于资料毫不容情、毫不惜力地加以检查，而且必须彻底，绝不放松。这样研究才会有成绩。

朱光潜：以问题为中心

朱光潜（1897—1986），字孟实，安徽桐城人，著名美学家、文艺理论家、教育家、翻译家。北京大学一级教授、中国社会科学院学部委员。主要著述有《文艺心理学》《悲剧心理学》《谈美》《诗论》《谈文学》《克罗齐哲学述评》《西方美学史》《美学批判论文集》《谈美书简》《美学拾穗集》等。

朱光潜曾短期参与夏丏尊等人发起的浙江上虞春晖中学"一周一书"试验，不久离校到上海创办立达学园、筹办开明书店。留学欧洲期间，替开明书店的《一般》杂志（后来改为《中学生》）写稿，曾辑成《给青年的十二封信》出版，畅销全国，影响很大。还有《谈修养》一书，其中《谈读书》一文中谈及"以问题为中心"的读书法，揭示了主题阅读之要义，摘录如下以助参证：

以问题为中心时，心中先须有一个待研究的问题，然后采关于这问题的书籍去读，用意在搜集材料和诸家对于这问题的意见，以供自己权衡去取，推求结论。

重要的书仍须全看，其余的这里看一章，那里看一节，得到所要搜集的材料就可以丢手。这是一般做研究工作者所常用的方法……

……

读书要有中心，有中心才易有系统组织。比如，看史书，假定注意的中心是教育与政治的关系，则全书中所有关于这问题的史实都被这中心联系起来，自成一个系统。以后读其他书籍，如经子专集之类，自然也常遇着关于政教关系的事实与理论，它们也自然归到从前看史书时所形成的那个系统了。

一个人心里可以同时有许多系统中心，如一部字典有许多"部首"，每得一条新知识，就会依物以类聚的原则，汇归到它的性质相近的系统里去，就如拈新字贴进字典里去，是人旁的字都归到人部，是水旁的字都归到水部。大凡零星片断的知识，不但易忘，而且无用。每次所得的新知识必须与旧有的知识联络、贯串，这就是说，必须围绕一个中心归聚到一个系统里去，才会生根，才会开花结果。

记忆力有它的限度，要把读过的书所形成的知识系统，原本枝叶都放在脑里储藏起，在事实上往往不可能。如果不能储藏，过目即忘，则读亦等于不读。我们必须于脑以外另辟储藏室，把脑所储藏不尽的都移到那里去。这种储藏室在从前是笔记，在现代是卡片。记笔记和做卡片有如植物学家采集标本，须分门别类订成目录，采得一件就归入某一门某一类，时间过久了，采集的东西虽极多，却各有班位，条理井然。这是一个极合乎科学的办法，它不但可以节省脑力，储有用的材料，供将来的需要，还可以增强思想的条理化与系统化。

廖沫沙：有目的的读书

廖沫沙（1907—1990），原名廖家权，湖南长沙人，中国现代作家、杂文家，有《廖沫沙文集》行世。

在《我的读书方法》一文中，廖氏以为："我的第一个读书方法，是养成读书的习惯，养成读书的兴趣和嗜好。""其次讲到本题。我以为读书有两种读法：一种是有目的的读书，另一种是无目的的读书。"所述"有目的的读书"，与主题阅读之要旨十分相近，现摘录于后供书友参检：

"有目的读书"，就是我们在没有读书之前，抱定了某一个问题或某一个疑问，需要解决，问人问不到，或问到了却解答得不够详尽、不够透彻，这样去读书，是有目的的读书。所谓"无目的读书"，倒也不是全无目的，为了消磨时间，为了享受乐趣，这也都是目的，不过这类目的不是直接的和预定的目的而已，不是针对一个现实的问题，到书中去求得解答。这样的读书，我们就叫它作"无目的读书"。

有目的的读书是最有效力的读书，是最能看得见效果的读书；但是无目的读书也不是全无效果，不过效果是间接而微少甚至不易发现罢了。

为了使读书容易见效并且容易发生兴趣，我想最好是采取有目的的读书方法。所谓"有目的"，就是自己选择一种兴趣所在的专门学科或现实问题，作为研究考察的目的，依照这个范围去选择书籍刊物，从这个学科或问题的基础知识了解起，顺着程序，把问题一层一层扩展开去，深入的研究。

但是我们不能因为自己研究的范围是什么，其他的一切书都不看。世界上的每一事物都是与其他事物相互关联的，因此世界上的每一种学科也都是与另外的学科密切相关；甚至还有许多学科，是有许多学科综合而成，譬如医学，就是生物、生理、化学、心理、社会等无数科学的综合科学。所以我们不能为一种专门学科所局限，只看一种书，不看别种书。我们的阅读范围愈广，触类旁通的机会愈多，而我们读书的效益也就愈大。我们定出一个读书的目的，并不是叫我们局限在小范围之中，而是叫我们做集中的研究而已。

主题读写删改之痒

常常听到专业教师的抱怨，诟病大学生的写作能力不如人意，尤其是每年学士学位论文写作季，声音更为集中、更为尖锐。

类似的抱怨，或许是语文教师永远的痛。笔者任教高校近二十年，也就被抱怨了近二十年。无论是教授高职院校的应用文写作课程，还是教授本科生的大学语文课程，抱怨之声从来都不绝于耳。

笔者当然知道其中的问题所在，诸如学生阅读量太少，没有话说；写作训练的总量太少，训练的质量不高；提纲拟制的训练不足，缺乏条理和深入；主题阅读的认识不够，掌握有限，利用不够；大班教学中学生个体受到的关注少，指导力量有限；修改环节投入不足，针对训练有限；等等；不一而足。

近年，国内一些重点大学进行了写作课程改革，陆续开设了"大学写作"（非文学写作）课程。本校领导也指示开展写作课程改革，希望有针对性地开设"大学写作"课程，为改进、优化甚至不久的将来替换现行大学语文课程作相应的准备。笔者因具备语文专任教师和课程管理职责双重角色，责无旁贷地选择先行一步，试试水、蹚蹚路，作一些初步探索。于是，我率先开设了"大学写作"（非文学写作）课程，创新了一些做法，尤其是将主题阅读（和写作）作为教学和训练的重点，同时注重写作提纲的针对性训练，突破了一些难点，收到了一点点成效，现小结如下：

先说，课程设计理念与教学要求。其一，写作和阅读一样，都是一个技能性（程序性知识）学习过程，要用技能性学习的规律指导实践，充分利用"用进废退"的规律来推进。其二，学生是写作活动的主体，首先要多读，"劳于阅读、逸于作文"；其次要多改，文章是改出来的，不完全是写出来的；再次习作要充分贯彻"伤其十指不如断其一指"的策略，而不是泛泛而谈多写。其三，老师要少讲、要精当、要有用，留出大量时间让学生实践和练习。

课程开设需要有几个前置条件。一是，小班化教学（两轮都不超过 10 人）；二是，要求选课学生每周至少要看完一本书、写一篇读书笔记；三是，必须是自愿选课，而不是被动选课，从源头上减少被动学习；四是，必须读完艾德勒等著的《如何阅读一本书》，对主题阅读有初步了解；五是，必须读完王世民编著的《思维力：高效的系统思维》，对文章传播遵循的"三点"原则有初步了解。

次说，课程设计和实施的时间安排。作为一门公共选修课，只有 30 个课时，为了突出"写"与"改"，增进习作练习实效，主要时间（不少于 20 学时）必须留给习作的面批、修改指导环节，这是重点和难点。习作的撰写都在课后完成。用于讲解的课时要控制在 8~10 课时以内，重点讲解学生习作中的两个重点和难点：一是主题阅读，二是提纲拟制。

关于主题阅读，安排演讲"主题阅读：本科生深度阅读之锁钥"。侧重介绍以下三个方面内容：一是，主题阅读的定义、特征、若干举例；二是，主题阅读的"本土化"对接，激活关于主题阅读的潜能；三是，主题阅读操练的五个基本步骤。

关于提纲拟制，安排演讲"学术论文写作的提纲拟制"。侧重介绍以下三个方面内容：一是，论文写作中关于提纲的常识；二是，"三三分"文章提纲赏析；三是，"三三分"文章提纲拟制训练。

再说，占课程主要时间的面批环节。小班化为教学提供了面批的良好条件，也给教师提出了挑战。教师的面批，主要围绕一篇习作而进行，至少需经历"大删补"—"中充实"—"小修补"三个轮次，具体到每一篇习作、每一个轮次面批的具体次数，因人而异、因文而异，一般视学生修改的投入程度、习作要求的设定目标，以及指导时间多寡等灵活处理。

第一轮面批，侧重从"把话先说"转变为"有话实说"。大多数学生习作草草完事，字数基本达标，但内容一般都大而空，面批一般要"大删小留"，删去"空的"大部分，保留"实的"小部分，并要求学生将保留部分再敷衍成文，在小而实方面走出第一步。这一轮，视习作情况，有时需要反复多次，才能达成避虚就实目的。

第二轮面批，侧重从"无话可说"转变为"找话再说"。强调主题阅读运用、开列书目等，指导学生扩大范围，围绕"实的"内容展开专题采访、查阅资料等，要求习作者遵循"一分为三"（提纲）分成至少三个层面各分门别类地、尽己所能地采集素材，为博观而约取、厚积而薄发做好充分准备。这一轮，要有"挤牙膏"的思想准备，而且有时也需要多次反复和递进，持续地、步步深入地"逼"进，小步快走、不厌其烦地对标目标。

第三轮面批，侧重从"有话可说"转变为"有话细说"。指导学生利用"三三分"提纲梳理习作，整理全文条理和结构，理清逻辑和思路，将丰富的素材转变成条理分明、娓娓道来的习作文字。这一轮，有时不一定能一次性完成，要注意按照提纲来取舍内容，做到"话多不滥说"和"话少不欠说"。若出现"无话可说"现象，要"补课"第二轮面批，完成后重新进入第三轮。

最后说，课程实施后的主要成效。该课程已经开设两轮，成效体现在过程中，体现在学生习作中。比如，第一轮习作多写散文，通过围绕一篇习作反复的"删""增"和"改"，使学生熟练了主题阅读的方法，深化了主题阅读的理解，习作内容人云亦云现象减少，能够通过一遍一遍的修改逐步地深入下去，观察和认识的具体化增强，对象的个性化内容更为充实，最终会有一半学生的习作登载在校报上，学生的读写自信大为增强。第二轮学生多围绕读书目的选题，主题阅读有的范围不断拓展，一篇习作聚焦反复地"删""增"和"改"操练，"三点式"提纲运用有板有眼、有逻辑层次，绝大多数学生的读书、撰文、修改自觉性增强，有一半以上学生的习作被评为优秀，学生自觉进步明显。

第五章

阅读力反动：胶柱鼓瑟

纸上谈兵害死人

五年前，刚开始倡导和实践"一周一书"活动时，为了鼓动更多学子多读书、读好书，营造良好的读书氛围，笔者曾经着力写了一段时间的微信推送。当时，立足商学院、面向经管类学生，取材成功商人的读书故事，希望在贴近性、针对性和说服力方面"对接"学生兴奋点。

在短时间内，笔者不仅将收集到的商人读书案例，密集地在微信公号上推送，而且事后还集纳成册，名为《名商读书那些事儿》。成功商人都从读书中获益良多，堪称多读书、读好书、好读书的楷模。据此，将所获结论告诫学生：不读书，倘若做做小生意无妨，但要做大生意，不读书绝对不行。

随着校园劝读活动的持续和深入，"善读书"的问题逐渐浮出水面，进入我关注和思考的视野，而且其重要性日益凸显。一般而言，倡导"多读书"，主要针对"不读书""少读书"的现象，而言及"善读书"，则指向"多读书"的更深层次、更广领域。

在我国古代，倡导"多读书"而最终成为"善读书"者，对己、对人有益，对社会、对国家有贡献者不胜枚举。客观地说，"多读书"而不"善读书"者，也大有人在。我国古代形容"读死书"的人为"两脚书橱"，还有贬称"书虫""书迷"或"书呆子"的。

现实生活中，贬称某人为"书呆子"的声音不绝于耳。这种人的特点，一般是不从具体出发、不联系实际，或夸夸其谈、卖弄书本上的知识，哗众取宠，等到一接触实际，用书本知识生搬硬套，根据主观的愿望来想象去改变客观的实际。结果没有一个不摔跟头的，最终不但害了自己，还害了别人，害了国家。战国时期的赵括，就是这种"书呆子"类型的代表人物。

赵括的父亲赵奢是赵国的名将，公元前270年，秦国攻赵国阏与，赵以赵奢为将救援，遂大破秦军，赵奢因此战立下赫赫战功，被赐号为马服君。

十年以后，即公元前260年，秦军又大举攻赵，赵国派老将廉颇拒秦军于长平（今山西高平市西北二十里王报村）。廉颇看到秦军攻势凶猛，便下令坚守，秦军挑战，廉颇也不肯应战。廉颇富有军事经验，决定坚壁固守，等到秦军士气疲惫，再找秦军的弱点进攻，这个主张是完全正确，是符合双方实际情况的。秦军看到这种形势，不能取胜，便派间谍造谣，说秦军最怕的是马服君的儿子赵括，此人为将，秦军必败。赵王听了，便召回廉颇，派赵括做拒秦的大将。

赵括小时候很聪明，学习兵法，说得头头是道，没有人能超过他。有时候他和父亲辩论，赵奢也说不过他。赵奢很不以这个儿子为然，对妻子说：打仗是有关生死存亡的大事，可是赵括说得那样轻易，今后赵国不用赵括做将军，倒也罢了；如用其做将军，破赵军的一定是他。赵奢死后，赵括的母亲牢牢记住了这番话。

赵王启用赵括做大将，已经病重的大臣蔺相如极力反对，对赵王说：你用只有虚名的赵括为将，正像要鼓瑟却把弦和瑟柱用胶黏合起来一样。赵括只会读他父亲的书传，只有书本理论知识，却不会在实践中运用、变化，万万不可。赵王不听。

赵括的母亲也坚决反对，对赵王说赵括不可为将，理由是赵奢为将时和将吏团结得很好，所有赏赐都分给军吏士大夫，受命以后，不问家事。现在赵括呢？受命以后，威风得很，会见诸将时，诸将不敢仰视。大王赏赐的金帛，都收在家里，成天买田产、房子。你看他比得上他父亲吗？父子两条心，请你不要让他带兵。赵王说，你别管，我的主意打定了。赵括的母亲便提出，你一定要让他去打仗，打了败仗，可不要连累我。赵王答应了。

赵括一到前线，就改变了廉颇的战略、军令，换了领军大将。秦将白起知道了，便派出一支奇兵，假装败走，却从后方断绝了赵军的粮道，把赵国大军切断为二。赵军士卒离心，过了四十多天，军粮断绝，士卒挨饿，赵括只好亲自带领精军搏战。秦军射杀赵括，赵军大败投降，白起下令把赵军一律坑杀，赵军前后损失四十五万人。这便是历史上著名的长平之战。

赵括的母亲因为有言在先，没有因为儿子赵括军败而被杀。

成语"纸上谈兵"和"胶柱鼓瑟"的出典，就来自赵括兵败身亡的长平之战。从文化的视角而言，赵括这个"读死书"的"书呆子"，倒是有两大文化"贡献"：一是贡献了两个成语，二是贡献了一个"死读书"的反面典型。每每读到赵括的故事，不禁使我联想起小时候背诵过的寓言故事《刻舟求剑》：

楚人有涉江者；其剑自舟中坠于水；遽契其舟，曰："是吾剑之所从坠。"舟止，从其所契者入水求之。舟已行矣；而剑不行；求剑若此；不亦惑乎？

"死读书"的故事，不只我国有，国外也不乏类似的案例。试举俄国和英国各一例佐证之。

彼得尔希加，是俄国作家果戈理小说《死魂灵》中的一个人物。他嗜书如命，不管什么性质的书，文艺的、宗教的、科学的、哲学的，他都读；读得懂的要读，读不懂的也要读；"情爱英雄冒险记"也好，小学的初等读本或是祷告书也好，他的读法都是"一视同仁"。他所高兴的是他在读书，至于要从书里得到什么，他想都没有想过。因此，他辛辛苦苦地读了一辈子书，可是，他从书中却一无所获。

亚克敦，英国人，可能算得上是世界上读书最多的人。他除了把自家的 7 万卷藏书都读遍外，还博览群书，做了大量读书笔记。但是，他只注意贮存知识，不注重创造，活了 66 岁，却终生一事无成。

本本教条误大事

随着关注"善读书"及对其相关问题的不断深入，笔者愈加体悟到陆游"纸上得来终觉浅，绝知此事要躬行"诗句的深刻意蕴。进而延伸至于"欲知山中事，须问打柴人""暗潮已到无人会，只有篙师识水痕"等俗语，这些通俗和平淡的表象，极容易被疏忽、一滑而过，其实智慧内核深藏其中。

《三国演义》之所以家喻户晓、妇孺皆知，原因当然不止一端，其中的故事类似于"俗语"的智慧深藏，应该是重要的所在。例如"失街亭"，不仅是《三国演义》书中的精彩篇章，而且成就了京剧《失街亭》的经典。

若以成败而论，马谡确实无法跻身英雄之列。马谡失去街亭，个人被斩事小，牵累了诸葛亮的大计，毁了蜀国的争霸大业。若仅仅及此，马谡的认识价值仍然被低估了。马谡还有更深一层的认识价值：

马谡，字幼常，襄阳人。马家五兄弟，都是有才学的人，有"马氏五常"之誉。马谡最小，他有一个哥哥叫马良，是刘备手下的重要谋士。关羽臂中毒箭后，华佗为其刮骨疗伤，为了分散注意力，关羽与马良弈棋，这个马良就是马谡的哥哥。

马家兄弟很早就进入了刘备的政治集团。建安十四年（209），刘备担任荆州牧，征辟马良为州从事。马良与诸葛亮关系友善，曾奉命出使东吴，受到孙权恭敬接待。建安十六年（211），刘备进入蜀地，马良留守荆州，辅佐关羽。章武元年（221），刘备称帝，建立蜀汉政权，任命马良为侍中。章武二年（222），刘备在夷陵之战中兵败，马良遇害身亡。

马谡自小就聪明和努力。否则，他有关兵家的学识和才能，如何获得和积累起来？而且他能入诸葛亮的法眼，并且长时间被器重，肯定非泛泛之辈。《资治通鉴》曾载："马谡才器过人，好论军计，诸葛亮深加器异。……以谡为参军，每引见谈论，自昼达夜。"

马谡在诸葛亮身边参赞军机多年，彼此非常了解。就个人才能而言，马谡是个相当高明的参谋人员。公元225年，诸葛亮进军云南，征南中，问计于马谡。马谡献计"用兵之道，攻心为上，攻城为下，心战为上，兵战为下"。确实如此，善于用兵者，上策攻心、下策攻城。马谡分析，光用兵力消灭对方，不只不人道，而且大军撤退之后，云南百姓又会起来反抗的，关键要做到使南人心服，才能巩固后方。诸葛亮深以为然，对番王孟获的战争顺利进行就是根据这个策略实施的。因此，体现诸葛亮智慧的七擒孟获，无疑不该健忘了给马谡记上大大的"参谋"之功。

但是，在长期的交往中，刘备却看出了马谡的弱点，临死时嘱咐诸葛亮，马谡言过其实，不可大用，要引起足够的注意。诸葛亮与刘备的看法还是基本一致的。《三国演义》第九十五回"马谡拒谏失街亭，武侯弹琴退仲达"中孔明与马谡有一段对话，能很好地反映诸葛亮的"忧虑"：

孔明曰："街亭虽小，干系甚重，倘街亭有失，吾大军皆休矣。汝虽深通谋略，此地奈无城郭，又无险阻，守之极难。"谡曰："某自幼熟读兵书，颇知兵法，岂一街亭不能守耶？"孔明曰："司马懿非等闲之辈，更有先锋张郃，乃魏之名将：恐汝不能敌之。"谡曰："休道司马懿、张郃，便是曹睿来，有何惧哉！若有差失，乞斩全家。"孔明曰："军中无戏言。"谡曰："愿立军令状。"孔明从之。谡遂写了军令状呈上。

最终的结果，我们早已知晓。今天，让我们走近"失街亭"的现场，重温其中的细节，吸取马谡失败的深刻教训——本本教条误大事。

诸葛亮深知"兵者，国之大事，死生之地，存亡之道，不可不察也"。承认马谡"自幼饱读兵书，颇知兵法"，同时也深知，马谡虽然做参军（参谋）多年，毕竟没有一线作战的实际知识，也没有指挥军队、临机应变的直接经验。他心中还是明白，马谡自诩读过不少兵书，满腹经纶、精通兵法，是一个卓越的"'纸'挥家"——"纸上谈兵"多于"实战磨炼"。

街亭之失，就马谡个人而言，他至少同时犯了三个方面的错误：

一是，轻敌冒进。马谡的"口气"大过"力气"，从中可以一窥他的无知、狂妄和轻敌。与诸葛亮订立军令状的"草率"，马谡的有勇少谋跃然纸上。还有，马谡的刚愎自用、闭目塞听，胜算的天平已倾斜敌方——自诩精通兵法，不听诸葛亮所授的军事措施，率军抢据街亭山头，远离水道，军令前后不一，举措烦扰；副将王平据理力争，他也坚决不听。

二是，信泥兵法。马谡引用的："兵法云：'凭高视下，势如劈竹。'"以及："孙子云：'置之死地而后生。'"这些"成功经验"本身没有毛病。而且，历史上因占领山头或背水布阵而取得军事胜利的事实，也确实不乏其例。但是，马谡分析当时敌我情势和地理形势不充分、不彻底，只看到古人军事理论对自己有利的一面，而忽视了对自己不利的一面。殊不知，"兵者，诡道也"，战场形势瞬息万变，决定战场态势的因素复杂多变，任何一个因素的细微变化，都会造成有利因素或者不利因素的"变化"，乃至于"转化"。计定扎营山顶，以取居高临下之势，是有条件和环境的，不是亘古不变的。马谡泥信兵法，几如蚩蚩之氓的迷信神鬼无二。

三是，经验误用。马谡也曾经有过献计"擒孟获"的成功经验，只不过马谡未及洞察其中的时移势异。毕竟，孟获偏处一隅、战争经验有限，与诸葛亮不在一个数量等级上，明显属于有勇无谋之辈。而马谡在街亭的对手张郃，却不可同日而语。张郃是曹魏有名的将领，"五子良将"之一，久经战阵。张郃初到战场就敏锐地判断出蜀军的主攻方向，带领部下40多天急行军近2 000里。迫使马谡不能舒舒服服地排兵布阵。按张郃抢街亭之速度，带来的主要是骑兵，并且没有多少粮食，攻城器械之类的物资也不充分。马谡只要能拖上个十天半个月，等来诸葛亮的援军，张郃必然腹背受敌，不战自乱。但是马谡纸上谈兵，刚愎自用。老辣的张郃抓住机会，切断水源，终于击溃马谡。街亭丢失，使蜀国首次进攻曹魏的计划化为泡影。

这件事是历史上有名的教训，马谡的主观愿望都是要办好事情的，却吃了主观主义的亏、吃了教条主义的亏。马谡自以为是，光凭书本知识、理论知识，不顾客观形势，不听有实践经验的人们的劝告，结果是摔了大跟头。读书人缺乏实际斗争经验，光凭书本上的理论，自以为是，因而失败，害己、害人、误国的教训不可谓不深刻。

历史的风烟虽然早已消散，今天重温这个教训，仍然具有深刻的现实意义。在全民阅读的背景下，一方面，要积极倡导"多读书""读好书"，虚心学习人类文明的优秀成果，努力站在前人的肩膀上，面向未来；另一方面，也要注意"善读书"，不要简单地照搬照抄前人的经验，要将其中的时空条件、要素轻重等的变化作具体的分析，要考虑矛盾的主次及其变化，要将普遍原理与具体实践有机结合。

矜奇炫博亡国痛

《左传》载卫懿公好鹤的故事：春秋时期，卫懿公十分喜欢养鹤，因为过度痴迷而造成政事混乱、民不聊生，最终导致国破身亡。卫懿公沉溺于养鹤招致身死国灭的故事，其教训之惨痛，发人深省，可谓玩物丧志故事中最为典型、最为极端的案例。

"耽于物"而导致误己误国，不难理解。是否有"耽于读"，而导致身死国亡的例子呢？回答是肯定的，我国历史上南朝的梁元帝萧绎（508—555），就是其中的代表。

登临皇位之前，皇子萧绎在太平盛世时代，他不贪慕醉生梦死的贵族生活，十分勤奋辛苦地读书、著书，即便因一只眼盲不能亲自捧书观阅，也要令书童读给他听，彻夜不停，"成一家之言"的著书抱负，始终是他奋斗的理想。

萧绎的文才十分了得。他出生于文学世家，在拥有文学地位的历代帝王家族之中，"四萧"（南梁父子萧衍、萧统、萧纲、萧绎）堪比"三曹"（曹魏父子曹操、曹丕、曹植），萧绎又是"四萧"之中的佼佼者，文学成就堪称翘楚，在中国历史中出现的数百个帝王之中留下的著作最为丰富，远比号称"十全老人"的乾隆帝博学多才，作为皇帝，他在中华文化历史上镌刻下自己的名字。

萧绎的绘画有相当水准。萧绎虽然还没有宋徽宗那样的"瘦金体"书法水准，但若论及绘画水平，帝王之中无人可出其右。他所绘的《职贡图》，记录了前来南梁朝贡的各国使节长相，上面有金发碧眼的波斯胡人，也有浑身只披一块白布的黑人。据悉，这不但是艺术史上不可多得的珍品，更是研究中国古代朝贡史极为珍贵的资料之一。

萧绎是名副其实的博学多才。据《隋书·经籍传》记载，他的研究领域繁多，可谓五花八门，包容万象。除文学家、诗人、学者、皇帝、画家、书法家的身份外，他还是一名音乐家；论对中医的研究水平可拿博士头衔；他的围棋水平至少是九段高手；他既是姓氏学家，又是玄学研究高手，在众多研究《周易》的专家之中仍可占据显赫的地位。虽然生在重文轻武的南朝，他却有兵书《玉韬》问世。令人吃惊还有，南朝士大夫们对骑马十分反感，认为那是野蛮人才做的事情，萧绎却不辞辛苦花费大量时间研究如何养马，甚至写了一部专著《相马经》，书中的研究成果据说超出了相马专家伯乐的水准。他对一些为传统读书人所不齿的旁门左道的学问也十分感兴趣，甚至能够自己给自己算命，也能通过观察星相知道天下大势。

萧绎无疑是中国历史上的大藏书家。萧绎性好书籍，在江陵时，借抄私家藏书最多。平定侯景之乱后，收文德殿藏书及其他公私典籍 7 万余卷。一生勤奋读书，自著《金缕子》称：自聚书以来 40 年，得 8 万卷。

述及于此，萧绎的才华以及学问，简直无所不包，世人鲜有能及。作为一个好读书的典型，堪称"学习标兵"。然而，事实并非仅仅如此，他还有鲜为人知的另外一面。

公元 554 年冬，西魏伐梁，梁朝君臣被围困在江陵。当敌人大兵压境，数万军队正团团围住城池之际，萧绎不忙于组织抵抗，却为了显示文人本色，卖弄儒雅，居然还有闲情与臣下聚于龙光殿，百官戎服静听他讲解《老子》。魏兵破城，仍口占为诗。城陷后，他恐图书、古物落入敌手，将聚集数十年在城中的太王、浑天仪毁掉，又取古画、法帖、古今图书 14 万卷尽焚于一炬，将亡国之恨归咎于"读书太多"。

难道读书多真的能够把人读蠢吗？一千一百多年后的王夫之批评道，千余年来，没有人不憎恨梁元帝不悔改政治上的错误和对人民的无道，却将罪责归咎于读书的。为此，王夫之写下《论梁元帝读书》，对梁元帝的"遭遇"进行了深刻反思。王夫之虽然不知道梁元帝焚的是些什么书，但拿梁元帝所撰写的文章来看，无非是一些华而不实的辞藻骈文。话说当年，其父梁武帝萧衍被叛贼挟持，国家面临分裂，危在旦夕之际，而时为荆州刺史的梁元帝依然早晚苦读，乐此不疲，徒然精力消耗，既不救父平乱，又不会把握时机，这和沉迷于赌博酒色，又有什么区别呢？

王夫之认为，历史上不只梁元帝读书把自己读蠢的例子。宋末元初，号称儒者的人都喜欢讲空洞的大道理，却不想有什么用处，计算着"五经"、《论语》《孟子》有多少字句，在章句的文字结构、呼应形声上比附，饱食终日，这对身心有何益处呢？对人伦事理有何用呢？对政治教化有何帮助呢？这种人不得志时，反教人禁锢他人之子弟；得志时，则误了国家。这和梁元帝兵临城下还在讲《老子》、虏骑渡江还在听高僧说法有什么差别呢？

就"好读书"而言，"耽于读"与"善于读"之间的界限在哪儿呢？

"经世致用"是中国古代学者的治学传统，也是王夫之的治学主张。他的这一主张，在《论梁元帝读书》一文中有比较完整的阐述。文章标题虽是"论梁元帝读书"，实质上是对历代不善读书者，尤其是对明末清初不念国事、空谈性理的学者的严厉批判。

王夫之指出："领会书的精神实质，以确立修己治人之本；考察书中隐藏的意义，以达到精通事理、融会贯通、运用自如的境界。善读书的人，得之于心，但能用书中的道理检验、纠正自己行为的人太少。次一等的，如唐高宗的太子李弘读《春秋》，读到不忍卒读的也很少。再次一等的，如春秋时的穆姜读《易经》，能自我反省而知道愧疚的人一样很少。"

不抓住书中的重点，不研究全书的精华，不审察合乎时宜否，就会像汉儒曲解《公羊传》而废皇后太子；像王莽曲解古书讥刺匈奴，这些都是妄解经典的蠹虫。若没有高超的见识掌握书本大旨，没有取舍的标准独立审慎思考，那么读书万卷，只会更加迷茫，倒不如不学无术者还能保持纯朴。

梁元帝萧绎治国理政水平不堪，乃是因为他性好矫饰，多猜忌，与其才华以及学问无关，更多地与其读书矜奇炫博——以奇异和渊博而夸耀、自负有关。

卫懿公因痴迷养鹤而导致身死国破的史实，经常被后世当作反面教材以警示帝王们，然而可悲的是，重蹈覆辙者却比比皆是。如梁武帝萧衍父子、南陈后主陈叔宝、南唐后主李煜、宋徽宗赵佶等人，虽说志趣、喜好不同，但因玩物丧志以至国破家亡的轨迹，却跟卫懿公相差无几，实在令人有种"前人不暇自哀而后人哀之，后人哀之而不鉴之，亦使后人而复哀后人"之叹。

我们要谨记的是，读书不是为了炫耀阅读的数量和速度，而是为了求其所用。读书，好像用兵，养兵求其能用，否则即使坐拥十万、二十万的大兵也没有用处。炫耀阅读的数量和速度，一定要说出它的用处来，否则，这种装腔作势的读书，却是读书的大忌。萧绎不暇自哀，而后人哀之；后人哀之而不鉴之，亦使后人而复哀后人也。

第六章

阅读力样本：百读不厌

周恩来：为中华之崛起而读书

20 世纪只有少数人比得上周总理对世界历史的影响。在过去 25 年里，我有幸会见过的 100 多位政府首脑中，没有一个人在敏锐的才智、哲理的通达和阅历带来的智慧方面超过他，这些使他成为一位伟大的领导人。

发出这番感叹的，是深富欧美文化修养的美国前总统理查德·尼克松。尼克松的话表明，周恩来（1898—1976）的渊博而精深的知识、敏锐而出众的才智，都达到了超凡的境界，就连许多国家的首脑也不能不为之折服。

的的确确，周恩来内悉国情，外悉世界大势的非凡能力，在中国乃至在世界都是极为罕见的。他同国内同志研究工作，常常使那个领域的专家答不出他提的问题。他接见外国客人，常使客人们为周恩来对他们国家情况了解的深度和精确而发出惊叹！

毫无疑义，周恩来的这种洞察力、分析力和判断力，来源于他从小立下了"为中华之崛起而读书"的远大志向，始终坚持"加紧学习""活到老，学到老，改造到老"的修养要求，弘扬和践行"向群众学习""向书本学习""在实际斗争中学习"的优良学风。

1 月 8 日是周恩来忌辰，重温他读书学习的往事，感悟"为什么学""学什么""怎么学"的为学之道，对于我们端正学习态度、提高学习本领，具有重要的现实价值和启迪意义。

"为中华之崛起而读书"

周恩来的童年生活十分艰辛，特别是为了生母养母治病，常常需要把家里值钱的物件拿去典当换钱买药，这让周恩来较早地懂得了父辈的不易和生活的艰难。同时，生母万氏、嗣母陈氏、乳母蒋氏、养母八婶母杨氏四位女性的早期教育，让他知书明礼、体谅别人。

淮安城内建有纪念淮安籍清末抗英名将关天培的关忠节公祠，周恩来少年时经常随养母陈氏到公祠里参观，养母给他讲解关天培抗英为国捐躯的故事，让少年周恩来对民族英雄产生了崇敬之情。

周恩来12岁到东北工作的叔叔周贻赓身边上学，先后入银岗书院（初级小学）、奉天第六两等小学堂（辛亥革命后改名为东关模范学校）读书，各科成绩都名列前茅。他的作文尤受老师赞许，常被批上"传观"二字，贴在学校的成绩展览处，让同学们观看。

一次，周恩来随同学到奉天南郊魏家楼小住，参观日俄战争遗址，听当地老人讲述日俄战争的经过和中国人民饱受的苦难，让他知道了落后就要挨打和被帝国主义侵略下国破家亡的道理。从此，在他幼小心灵里萌生了为中华民族崛起、解救人民于水火之中的豪情壮志。

此时，中国的民族危机日趋严重，东北更是帝国主义列强在华争夺的焦点。在具有进步思想的老师的影响下，周恩来先后阅读了陈天华的《警世钟》《猛回头》、邹容的《革命军》等革命书籍。他还订了《盛京时报》，养成了每天坚持读报、关心国事的习惯。

怎样把人民从水深火热中拯救出来？怎样使中华民族得到振兴？周恩来的思考越来越深入，对学习问题也有了新的认识。

1911年，在一次修身课上，老师问学生：读书是为了什么？同学中有的说是为了帮父母记账，有的说是为了谋个人前途。轮到周恩来，他郑重地回答："为了中华之崛起！"后来，他还为同学郭思宁题写了"愿相会于中华腾飞世界时"的赠言。

1912年10月，周恩来作《奉天东关模范学校第二周年纪念日感言》一文，提出教与学的目的，都是为国家造就人才，使国家富强起来。他写道：

吾全校之诸同学乎。吾人何人，非即负将来国家责任之国民耶？此地何地，非即造就吾完全国民之学校耶？圣贤书籍，各种科学，何为为吾深究而悉讨？师之口讲指画，友之朝观夕摩，何为为吾相切而相劘？非即欲吾受完全教育、成伟大人物，克负乎国家将来艰巨之责任耶？以将来如许之重负，基础于小学校三四年中，同学，同学，宜如何奋勉，始对之而不愧哉？

这是现在保存下来的周恩来最早的一篇文章，充分表达了他对为何读书治学的认识。国文教师看后，欣喜地评价道："教不如此不足以言教，学不如此不足以言学，学校不如此不足以言学校，文章不如此不足以言文章。"

"为中华之崛起而读书"，这个年少时立下的远大志向，是周恩来一生的执着追求，也是他对青年一代的殷切期望。1939年1月，周恩来在南开中学举办的校友座谈会上，就青年在抗战中的责任等问题发言，指出："青年们一定要关心民族的存亡，在中华民族面临生死存亡的历史关头，要把天下兴亡担在肩上，要把民族的利益看得高于一切。凡是有利于抗战的事都要支持、拥护；凡是不利于抗战的事都要抵制、反对。"

1951 年 2 月，周恩来回到母校南开中学视察，勉励同学们说："希望你们好好学习，认真锻炼。学了为用，学了就用，为工农服务，为国家经济建设和文化建设服务。你们一定会比我们学得好，祖国的希望寄托在你们身上。"

"外国语是人生斗争的一种武器"

保尔·拉法格在《忆马克思》一文中说马克思曾说过这样一句话："外国语是人生斗争的一种武器。"周恩来深以为然。他知道要想做到博览群书，掌握外语必不可少；因此，他十分重视外语学习，并且有自己的独特学习见解。

周恩来刚入南开学校时，英文基础比较差，为了攻克这一难关，周恩来每天早晨起床后，将洗漱和吃早饭之外的时间，以及中午和下午的课余时间，全部用来学习英文。进入二年级时，他的英文水平已经相当好了。

据美国记者斯诺回忆：1936 年他在去延安的途中，一天突然遇到了一个清瘦的青年军官，他走上前来："用温和文雅的口气向我招呼：'哈啰，你想找什么人吗？'""他是用英语讲的！我马上就猜到了他是周恩来。"在接下来的交流中，周恩来给斯诺留下了极其深刻的影响。他回忆说：周恩来"个子清瘦，中等身材，骨骼小而结实，尽管胡子又长又黑，外表上仍不脱孩子气，又大又深的眼睛富于热情。他确乎有一种吸引力，似乎是羞怯、个人的魅力和领袖的自信的奇怪混合的产物。他讲英语有点迟缓，但相当准确。他对我说已有五年不讲英语了，这使我感到惊讶。"

周恩来说英语的达意和准确，令美国人都感到惊讶，足见周恩来英语水平不是一般地好。

周恩来不仅精通英语，也具有较好的日语阅读能力，这为他留日期间阅读马克思主义著作提供了便利条件。

当时马克思、恩格斯的著作还没有一本被完整地译成中文，列宁的作品连一篇译成中文的也没有。对许多不能直接阅读外文的中国人来说，接触马克思主义是相当困难的。但周恩来却有着得天独厚的条件，因此他比国内绝大多数知识分子更早地并且更多地接触和了解了马克思主义。

周恩来对外语的教学与研究一直非常重视，1970 年，他在接见北京大学、北京外国语学院等校师生代表时讲："翻译工作不是那么好做的。""不仅要有现场经验，还要掌握材料，了解背景，真正翻译得恰当是不容易的。"

接着他打比方说：干什么事都讲究基本功，比如唱腔、道白、武打等都是京戏艺术的基本功，但京戏的基本功也不仅限于京戏艺术本身，还有政治、历史、地理等各方面知识。外语教学也是如此，也有个基本功问题。

学外语，"不光是要掌握外语的语音、词汇、语法，做好

'听''说''读''写''译'五个字，还要懂得历史、地理。不仅要读中国地理、历史，还要读世界地理、历史。自然科学也要懂一些。马克思、恩格斯懂得很多自然科学知识"。"你不懂这些知识，做翻译时就译不出来。搞翻译不是那么简单的，不是懂几句外国话就行的。不但要有政治水平，同时要有较高的文化水平。没有基本功和丰富的知识不行。"

概而言之，周恩来谈及的外语教学基本功，至少包括三个方面：政治思想、语言本身和各种文化知识。

周恩来认为，学习首先要打好基础，掌握基本工具，就是"要把中国语文学好，不仅会说而且能写；还要把基本的数学学好，不仅学自然科学的要学好，就是学社会科学的也要学好；高中学生，特别是大学生，还要学好一门或两门外语"。

表面上看，这里周恩来谈到的都是外语学习和应用，其实不然。我们应该由此及彼，透彻地理解他所分析的问题，即搞好外语学习和应用与博览群书之间的相互关系。举一反三，实际上他已经据此回答了"学什么"这个宏大的命题。

"活到老，学到老，改造到老"

周恩来的一生，是勤奋学习的一生。"活到老，学到老，改造到老"，是他以身作则、终身学习的生动写照。无论是在革命战争年代，还是在和平建设时期，周恩来在繁重的工作中都保持着好学的良好习惯，都想方设法挤出时间看书学习。

早在周恩来上南开中学一年级时，就曾写下了一篇题为《一生之计在于勤论》的文章，开门见山地说："欲筹一生之计划，舍求学其无从。然学而不勤，则又何贵乎学？是故求学贵勤，勤则一生之计足矣。"他还列举了"闻鸡起舞""映雪读书"等中国历史上的生动事例，充分论证了勤奋学习的重要意义。

1943年3月18日，周恩来在延安整风学习中所写的《我的修养要则》，第一条就是："加紧学习，抓住中心，宁精勿杂，宁专勿多。"第三条则是解决工学矛盾的办法："习作合一，要注意时间、空间和条件，使之配合适当，要注意检讨和整理，要有发现和创造。"

后来，周恩来多次谈到"活到老，学到老，改造到老"，还说："人不是生而知之，而是学而知之。中国这句古话很有道理。我们现在要更进一步，要活到老，学到老，做到老，改造到老。学然后知不足，越学就越感到我们不知道的东西太多了，知道的东西太少了。"

1951年，周恩来在北京、天津高等学校教师学习会上作报告，以自己的亲身经历，回答了知识分子如何学习和进行思想改造的问题。他说："大家学习的目的是为了改造自己。我想，凡是要求学习的人，都应该有这样一个起码的认识。""拿我个人来说，参加五四运动以来，已经三十多年了，也是不断地进步，不断地改造。也许有的同志会说：你现在担任了政府的领导，还要学习和改造吗？是的，我还要学习和改造。因为我不知道的事情还很多，没有明白的道理也很多，所以要不断地学习，不断地认识，这样才能够进步。"周恩来的报告情真意切，给在场的人留下深刻印象。

　　在百忙之中，周恩来一有时间就阅读书报，即使在飞机上、火车上他也手不释卷。三年暂时困难时期，周恩来经常到各省市视察、处理工作。在飞机上，他还学习马列著作和毛泽东著作，批文件，找人谈话；有时从上飞机一直忙到飞机即将降落，机组乘务员看了，心里很不安，有时就悄悄走过去劝说总理休息一下，可是没有用。有人统计过，周恩来在近百次的飞行中，没有一次是乘机休息，在几百公里甚至更短的航程中，他也不忘阅读书报。由此可见，周恩来真正做到了见缝插针地看书学习。

列宁：系统而周密的读写习惯

九十八年前的 1924 年 1 月 21 日，列宁逝世。近百年来，无产阶级革命导师列宁的遗体，安详地躺在莫斯科红场西侧列宁墓的水晶棺中，受人瞻仰。如今的俄罗斯总统普京，对于列宁遗体的保护仍然表示了坚决的态度：谁也不能动，让他静静地躺在那，他的精神永远不灭！

列宁（1870—1924），原名是：弗拉基米尔·伊里奇·乌里扬诺夫，列宁是他参加共产主义运动后的化名。他继承了马克思主义，并与俄国革命实践相结合形成列宁主义，被全世界的共产主义者普遍认同为"国际无产阶级革命的伟大导师和精神领袖"。

本文用列宁之名，从读书的视角来走近他波澜壮阔的革命人生。

在革命者家庭中成长

据苏联作家普·凯尔任采夫所著《列宁传》（本篇多参考此书）记载，1870 年 4 月 22 日，列宁出生在伏尔加河畔的辛比尔斯克（后来的乌里扬诺夫斯克城），有一兄一姊一弟两妹。

列宁生活在一个幸福家庭里，在一种勤奋的气氛中成长。父亲是一个 1860 年代俄国民主主义知识分子——尽管本身并不是革命者，但是对那些反对沙皇专制制度的人，尤其是对车尔尼雪夫斯基却十分尊敬。他认为帮助人民，教他们读书写字，让他们受到教育，是他们的责任。无论冬夏，无论天气如何，父亲总是在省内奔走，进行建校的工作。

虎父无犬子，在父亲的影响下，列宁一家所有的孩子最终都成了革命者。

不幸的是，列宁16岁那年父亲去世。正在中学最后一年的列宁，是一个优等生，他正在准备进行科学研究工作。他也在工人中间进行宣传；他读过马克思的《资本论》，正站在"民意党"和马克思主义之间的立场。

列宁受哥哥亚历山大——一个意志坚强、坚定冷静又善于思考的"民意党"青年——的影响很大。他17岁时，哥哥因谋刺沙皇亚历山大三世案被捕并惨遭杀害，从前的亲友大都同他家疏远了。哥哥的死加强了列宁的革命倾向，但是他探索的是一条与哥哥不同的、跟专制制度作斗争的道路。

哥哥的被害使列宁重新思考他的终身事业。他更清楚地认识到，必须反对的敌人是专制制度、地主、资产阶级和一切剥削者。他明白，纯粹的文化教育工作（其父终身从事的工作）不能推翻剥削者和解放人民。但是，列宁也清楚采用恐怖手段也不可能取得胜利，而只会造成阻碍。"民意党"人谋刺亚历山大二世成功了，但是另一个沙皇又取而代之，沙皇制度依然存在。许多高级的警宪官吏被杀死了，但沙皇、地主和厂主的政权并没有推翻。而最重要的是，这种斗争方法对于组织劳动群众和提高他们的阶级觉悟毫无帮助。相反有害无益，不仅将主要精力都浪费在恐怖活动上，而且破坏了革命党人同民众的联系，给革命党人和全体人民对于反对专制制度的任务和方法造成极其错误的观念。

列宁继续向马恩著作请教：劳苦大众应该如何进行革命斗争来求得解放？还认真地研究其他国家革命斗争的历史，以及各民族过去反对专制制度和地主的斗争经验。

列宁17岁进入喀山大学学习。在这里，他结识了一批有革命理想的学生。是年12月，他因参加反对大学里的警察制度的学生抗议大会而遭逮捕，被开除学籍并被流放到喀山附近的农村，客观上为他认真观察农民的情况创造了机会。

一年后，列宁被获准回喀山，可是不准回大学。列宁于是认真学习并研究马克思主义。1889年，列宁全家移居萨马拉（现名古比雪夫），19岁的列宁一边学习外国语，一边阅读马恩著作。1891年，21岁的列宁以校外生的资格通过了彼得堡大学的毕业考试，被授予优等生的毕业文凭。

"系统而周密"的习惯养成

列宁从小就养成了"系统而周密"的学习和生活习惯。

列宁的母亲是一位内科医生的女儿；她擅长外国语和音乐，读书很多，待人周到、亲切，并以刚毅过人著称。五岁时，母亲就教列宁读书。每次到了农村，他都尽心参加各种儿童游戏。接触贫困的俄国农村，使得列宁开始了解俄国底层人民所受到的残酷压迫。

小时候，列宁健壮而勇敢，喜欢热闹的游戏，喜欢欢蹦乱跳。他聪明，学习轻松：九岁上中学，并且是优等生。他随时都乐意帮助同学做功课。

早在学生时代，列宁就以能够系统而周密地工作见长。以写作的方法来说，首先，列宁撰写一个简明的大纲包括引言和结论；然后，他拿张纸一折为二，左面打草稿，有配合写作计划的各种数字和文字。以后的几天里，他在纸的右面写上补充、改正和添改的文字以及从书上参考来的东西等。最后，他根据这个草稿写出文章——一般先是草稿，然后誊清。

这种对一切工作细心准备的作风，成为列宁终身的特征。后来，每写一篇报上的文章或作一次演说，他总是写一个简明的大纲。他准备写一本小册子或一本书时，总要起稿几次，一次比一次详细精确。他同样细心地编辑必要的引文数字和材料。列宁刻苦努力，以训练工作所必需的恒心和能力。

1889 年，19 岁的列宁同家人移居萨马拉，他埋头读了四年半书，学了几种外国语，特别是德语，目的是阅读马克思和恩格斯的著作，因为这些著作大部分还尚未译成俄文。

夏天，列宁住在乡间，在菩提树密林中搭了一个隐蔽的窝棚，里面摆着一桌一凳。吃过早饭，他就带着一大堆书到那里去，一直工作到三点吃午饭的时候。吃完午饭，他又带一些关于社会问题的书仍旧回到那个地方去。晚上，他散步和游泳以后，又拿一本书坐在走廊里一张放着灯的桌子旁边。列宁全家都聚集在这里，在他空闲、吃午饭或者散步时，他谈笑风生，以他的笑声和活力感染每一个人。

在萨马拉，列宁在仔细研究统计材料的基础上，撰写了他的第一篇论述俄国农民生活状况的科学文献。他关于农民的知识，不仅是来自统计资料和经济著作，而且从直接观察农民生活得来。他不仅仔细观察各阶层农民的生活状况，而且常常与农民长谈，向他们提出问题，倾听他们说话。

列宁懂得如何工作和休息。除了长途的散步以外，他还不忘锻炼。他八九岁时就开始和父亲下棋。他下棋很认真，严格遵守规则：不准悔棋，落子算数。他对赢棋兴趣不大，他更感兴趣的是斗争的紧张和摆脱困境的能力。他仅仅在晚上或晚饭以后才下棋，上午总是埋头读书。

列宁不仅自身勤奋和自律，也总是在帮助别人时，提出相应的要求和指导。如他帮助妹妹玛丽娅学习语言，坚持要她尽可能独立工作，只有在特别困难的场合，才允许寻求帮助。他帮助妹妹准备功课时，要求她按照一定的计划，认真对待作业，凡是做得草率马虎的都必须重做。

列宁生活的兴致和乐趣，是同非常的机敏与朴实结合起来的。他的精深的马克思主义修养，是同他对自己力量的坚定信心相配合的；他战斗的革命热情是同推理的逻辑性和前后一致性，以及表达的明白清楚相结合的。

在萨马拉，列宁已经发展成为一个马克思主义革命家，已找到了他一生的目标。

"有条不紊"的监狱学习和生活

1895年秋，圣彼得堡开始出现一个工人阶级运动的高潮。25岁的列宁积极地领导工人们的这次斗争，还筹备出版报纸《工人事业报》，并给创刊号撰写了所有的主要文章。

12 月 20 日晚，正在圣彼得堡从事革命活动的列宁和他的一些同志都被捕了，准备付印的《工人事业报》创刊号被没收了。

列宁在监狱里继续精神饱满地从事革命工作。被囚禁在一间狭小狱室里的他，做事仍然有条不紊。入狱之初，立即制订了一个计划，充分利用监禁期间从事研究工作，并指挥无产阶级的革命斗争。

在监禁时，列宁专心于研究工作。他充分利用由革命的囚犯和他们的朋友建立起来的监狱图书馆。此外，还获准从"外面"获得书刊。从早到晚，他研究统计的书籍和经济著作；准备他的伟大著作《俄国资本主义的发展》；继续从事建党工作，写下了第一个党纲草案；还准备小册子《论罢工》和很多秘密印刷的传单。

同时，列宁和狱中以及外面的同志进行频繁的通信，勉励他们继续发扬革命精神，并继续他团结党的力量的工作。列宁通常把他的信用牛奶写在要归还的书籍的行间。用火一烘，字就变黑，信也就看出来了。为了防止书写时被发现，列宁用面包做成小墨水瓶，里面灌上牛奶。当看守刚一开门，列宁立刻就把"墨水瓶"吃下去。

列宁在监牢里把时间安排得很严格。他用冷水擦身，按时锻炼身体，并按照严格的程序阅读各种书籍。后来，列宁写信给家里问起坐监的弟弟时说：

第一，他是否遵守牢狱里规定的饮食制度？恐怕没有，而我认为这是必须遵守的。第二，他是否做体操？大概也没有。这也是必须做的。至少根据我自己的经验，每天临睡以前做体操是很愉快和很有益处的。即使在最冷的天气，在整个牢房里寒气袭人的时候，只要活动活动，也会感到暖和，过后睡觉也舒服得多了。

列宁胞妹和他的姐夫入狱时，列宁写信告诉他们在"孤独"中保持按时作息的重要性，并告诉他们自己坐牢经验中得来的若干实际教训。在脑力工作方面，他尤其推荐搞翻译：先由外文译成俄文，然后再译成外文。列宁补充说："根据我的经验，这是一种最合理的学习外语的方法。"

谈到有系统的工作，列宁认为："我还劝你按现有的书籍正确地分配学习时间，使学习内容多样化。我很清楚地记得，变换阅读或工作的内容，翻译以后改阅读，写作以后改作体操，阅读有分量的书以后改看小说，是非常有益的。"

信中还说："记得过去我总在午饭后或傍晚休息的时候按时看小说，我看小说最起劲的时候还是在监狱里的时候。不过最主要的是不要忘记每天必须做体操，每次要迫使自己做几十种（不折不扣！）不同的动作！"

列宁在监狱里严格分配时间并严格遵守他的时间表，继续为革命事业不屈不挠地工作。即使在铁窗之中，他依旧精力充沛，兴致勃勃。他母亲常说："他在狱中身体过好了，而且变得异常愉快。"

列宁在沙皇的监牢里之所以仍然无畏而愉快，是因为他坚信工人阶级一定胜利。他知道在狱墙之外，在圣彼得堡郊区，无产阶级正进行着波澜壮阔的革命罢工。

1897 年 2 月，列宁在沙皇监狱度过了十四个月以后，被流放西伯利亚三年，受警察监视。流放中的列宁继续研究工作：认真地研读马恩著作和马克思主义文献，读了一遍又遍，又读了几十本关于哲学、经济学、统计学的书。列宁的外语知识在继续扩充。

并且像往常一样，列宁立刻想法子把他的知识传授给他的同志们，把它用论文、书籍、报纸和书信的形式写出来。他急于想把马克思主义的理论武器交给无产阶级运动。既然不能直接参加革命斗争，列宁就把他的全部精力用在政治写作上，这对于党是很需要的。

列宁以最善于支配时间的特殊能力，从事他已经着手要做的工作。他整个工作时间安排得精确仔细，过着勤劳的、有规律的生活。通常，列宁总是早晨散散步以后，就坐下来工作；按规定的时间读书、翻译、准备统计材料等等。

列宁写给母亲的信里，谈到他的弟弟时说："米嘉是否在做些什么？他最好有系统地研究点东西，不然这样一般地'读书'没有多大好处。"列宁自己读书总是很有系统的。

列宁就这样，从不浪费时间，专心致志地工作，撰写他的书和革命的小册子，准备迎接革命的激烈斗争。在西伯利亚时，列宁翻译了两部巨著。此外，列宁还外出打猎、散步、滑冰或者下棋作为消遣。

叶乔波精神：破圈读书不褪色

三十年前的 1992 年 2 月，在法国阿尔贝维尔举办的第 16 届冬奥会上，叶乔波一举夺得女子速滑 500 米和 1 000 米两枚银牌，实现了中国冰雪项目奥运奖牌"零的突破"。在不到一周后的世界短距离速滑锦标赛上，她又夺取女子全能桂冠，成为我国和亚洲第一个全能世界冠军。同年 5 月，中央军委授予她"体坛尖兵"荣誉称号。

叶乔波不畏伤病、努力拼搏的精神，被称为"叶乔波精神"而广为传颂。1994 年光荣退役后，叶乔波实现了华丽的人生转身，不仅以坚强的毅力攻读完硕士与博士学位，而且以高度的责任感和体育情怀，在运动员退役安置与保障方面，为国家提供了高质量的议案，促成了我国运动员安置保障相关文件的出台，为完善我国运动员保障体系发挥了重要作用。

清华 MBA，她读了六年

在很多人的记忆中，对叶乔波的最深刻一个形象就是那坐在轮椅上的悲壮一刻，当时，不少人都认为，她再也站不起来了，现在的叶乔波跟正常人没什么区别，走起路来，也看不出她有着一条曾经"饱经沧桑"的腿。

"正常生活没什么问题，但是做太剧烈的运动还是不行。"谈起自己的伤，叶乔波竟是一脸的轻松，她笑称，"阴天下雨前，这可是最准的天气预报啊"。如此的语气让人听不出那些伤痛所带给她的磨难。

那个时候的媒体对叶乔波的腿伤宣传力度很大，而她却能冷静面对："退役之后，自己就是一个普通人，一切都成为过去。所以我把自己封闭起来了，潜心读书。"

退役后，叶乔波远离了荣誉、鲜花和掌声，成为一个寂寞地躺在病床上疗伤、走在大学校园里最普通的学生，直到清华大学攻读 MBA。

刚入学时，有一位朋友曾调侃地问叶乔波：1/2+1/3 等于几啊？她不假思索地就回答：2/5 呗！惹笑一堆人。叶乔波回忆："我 12 岁学到繁分数时离开了学校。……后来，清华大学的两名教授和两个研究生帮我补课时，我才知道这道题应该先通分，再加减。"

选择清华大学攻读 MBA 之初，因为几乎没有数学基础，拿起课本如同看天书。但叶乔波深知，自己已站在了新的起跑线上。于是，她艰难地完成着一门一门的课程："很多学校都不愿意接受像我们这类的学生，让我们像其他学生一样考取大学肯定不现实，入了门，还要找人补课，真正的学业开始是在补习之后。"

只有小学四年级学历的叶乔波，做出惊人的决定：研一的时间，全部用来补习数学。两名研究生每天给她上课，两名教授也从博大精深的数学知识体系中提炼出研究经济学将会涉及的关键课程，不啻为她量身定做了一套特殊的教材。好在很多同学都愿意无私地帮助她。每天早上 7 点起床，夜里 1 到 2 点睡觉，围绕着课本和习题，她的脑里塞满了逻辑和运筹……

叶乔波说："学起数学之类的学科真是挺困难的，太难了。"理科的一些课程需要循序渐进，没有基础，学起来的困难也就可想而知了。清华大学两名导师、两名研究生的专门补习和辅导，为她的学业进步提供了巨大的帮助。

清华大学 MBA，别人一般都是 3 年，但叶乔波因为底子太差，用了整整 6 年的时间。她回忆："6 年里，我从老师那里听到的全是鼓励，没有一句批评；但我是有自知之明的，我虽不聪明，底子也薄，但我肯学、能吃苦，精力也充沛，通常从晚上一直学到凌晨两三点钟也不觉得累，虽然案例学习让人不堪重负，但是严酷的运动员训练经历支撑我完成了学业。"

清华大学的 MBA 最多不能超过 5 年，而叶乔波磕磕绊绊地学了 6 年，最后还是校领导批准延期，才将这个学位啃下来，凭借天生的韧劲和自称"挺笨"的叶乔波，最终顺利地修完了所有学分，不仅成功地完成了《乔波室内滑雪馆可行性论证报告》的硕士答辩，论文成绩还名列前茅！

回馈体育：关注民生和读博兼顾

根据导师赵平的建议，叶乔波提交了与自身经历最为贴切的课题"乔波室内滑雪馆可行性论证报告"作为硕士论文。后来，她还进一步把它扩充为一份招商报告，近水楼台先得月，母校清华科技园师兄们积极响应，帮助叶乔波实现了人生的又一个梦想。

北京"乔波室内滑雪馆"建立初期，还成立了"乔波冰雪运动学校"，作为国家体育总局青少年训练基地和中国大体协培训中心，每年举办很多场业余爱好者的比赛。叶乔波讲述："不少家长每周都带着孩子去滑雪。冬令营、夏令营期间，客房供不应求。许多家长都说，短短几天，孩子就有了很大变化，孩子开始喜欢运动了，回到家里还主动帮父母干活儿。"

叶乔波十分关注青少年的体质下降问题："这是深层次的问题。学校不安排足够的体育课，一是碍于课业压力，二是家长不希望独生子女受伤，过于'溺爱'孩子，这并不利于孩子的身心成长。"

作为全国政协委员，叶乔波的提案不仅关注青少年体质问题，还涉及精打细算办奥运、开放闲置体育场馆、体教结合、建立体育经纪人制度、完善体育法、均衡发展师资力量、改善交通环境等方面。其中，最让叶乔波感同身受的就是关于退役运动员的生存与发展。在中央党校攻读政治经济学博士学位的 7 年时间，叶乔波主攻的课题就是"退役运动员生存与发展的理论与实践研究"。"灵感"源自一名举重运动员"为了生计当搓澡工，与她早年在体育领域争得的荣誉极不对称"。叶乔波先后来到有着"冠军摇篮"美誉的东北地区，青海、西藏、新疆等西部地区，经济发达的江苏、浙江、广东、山东等沿海地区，甚至远涉港澳和欧洲城市进行实地考察，收集了大量一手信息。

令叶乔波难过的是，西部地区的运动员退役费与沿海地区对此的补偿形成极大反差。在东北，有的退役运动员竟然十年找不到工作。她说："我关注的不仅仅是有能力再融入社会的奖牌获得者，还有那些处于金字塔'塔基''塔腰'层面的普通运动员。他们同样付出了青春，有着不同程度的伤病，文化缺失，而退役后都要去面对新的生存环境。"

2008 年 6 月中旬，正当叶乔波准备博士论文答辩时，财政部办公厅打来电话，叶乔波回忆："经国家发改委、财政部等六部委讨论研究，采纳了我在提案中提出的关于从体育彩票公益金中提取一部分资金用于退役运动员补偿费的建议。从此，每年数千万元的财政拨款正式纳入了退役运动员扶助计划。2008 年以后退役的运动员，终于有了相应的保障。"

同年，应邀回家乡给退役运动员讲课时，叶乔波高兴地得知这笔资金已从省体育局下拨到各市体工队，退役运动员可用这笔资金进行技能培训、读大学、疗伤、找工作等等。让她最牵挂的偏远西部地区，也在当年收到了该项经费。

这是叶乔波退役后的又一个收获。她希望有更多的知名运动员能够奉献爱心、行动起来，她愿意帮助更多的运动员寻找出路，成为他们的"知心姐姐"。

耐着性子：脚踏实地学文化

叶乔波回忆："当年我不懂英语，在国外想喝杯饮料都要不来；比赛延迟，人家解释半晌，我还是听不懂，生拉拉地在室外冻了一个小时，腿都麻木了，成绩排在倒数第几名。"

回国后，叶乔波的床头、柜门上、衣服兜里，甚至厕所墙上，到处是英语单词。她说："因为大多数时间在训练，到了晚上疲惫不堪，但我还是强迫自己学习，不经意间，发现它已成为我人生的另一笔财富，让我建立了自信心，自如应对媒体，掌握对手更多动态，了解国外训练计划，真的受益匪浅。"

当年叶乔波父亲的月薪只有 50 多元，却用近半年的工资给她买了录放机。为的是让她把广播教学课程录制下来，反复温习。叶乔波说，父亲送她最多的礼物就是教科书、小说、笔记本和文具。那些影响过叶乔波的书，包括《球王贝利》《钢铁是怎样炼成的》等等。

叶乔波对年轻运动员充满期待："用心经营短暂的运动生涯，不要只顾眼前利益和名次，要有阶段目标和长远规划。因为运动生涯越长，成功概率越高。以我为例，13 岁时就有伤病，如果我在 25 岁放弃，哪有可能在 26 岁那年收获世界冠军呢！"

1985 年，原国家体委下发文件，要求各运动队组织运动员学习文化。同年，国家速滑集训队得到去吉林体院大专班学习的机会。叶乔波回忆："每周有 6 个晚上和周末一整天上课。课程包括运动解剖、医学、生理、心理、力学等，十分实用。当时，多数运动员都不情愿读书，累了一天，坚持下来的确不易。"有老师教，不用吃力地自学，叶乔波十分珍惜这个机会。她和同寝室的王秀丽成了班上学习成绩最好的学生，她说："每当考试结束，我俩的卷子都不知道传到哪去了。"

叶乔波离家近了，本可以了却家人思念之苦，但父亲却为家人约法三章：不许家人前往探望，不许乔波训练期间回家，不许相互打电话。她在长春受训期间，父亲甲状腺手术住院，全家人瞒着她。

改革开放初期，电视台播放的《大西洋底来的人》《上海滩》

《加里森敢死队》等电视剧情节十分诱人。那时的叶乔波克制住自己，"老实"地待在宿舍学习，她说："我习惯了约束自己做该做的事。"直到现在，叶乔波还能说出很多肌肉、骨骼、经络、穴位的名称，她讲道："我对中医和运动解剖非常感兴趣。那时出国训练、比赛没有随队医生，长年被伤病困扰的我就自己针灸、埋针治疗。"

每隔几天，叶乔波就会收到一封"厚厚"的来信，不仅有严格而温和的叶父的遒劲字迹，还有语重心长的谆谆教诲。叶父每一次回信都会附上女儿来信的回邮，把女儿信中的错别字和标点符号——改好再寄回来，点点滴滴的错漏之处，一个不落。在这一封封的长信中，父亲从做人到做事，举凡生活中任何一方面需要注意的事情，他都会叮嘱女儿，并推荐女儿看什么好书，父亲甚至会将书里的重点部分标出来……单调而艰苦的训练生活，日记和信是叶乔波与外界交流的最佳途径。

叶乔波在写信和写日记中，不断提高语言文字驾驭能力和应用水平。16岁的光景，就已在日报上发表了散文。姐妹们要写情书的时候，也都来找她代笔，没有体验爱情滋味的乔波，心里非常得意。

叶乔波撰写了数十万字的训练、生活日记，这是受到了中国女排队员郎平的影响。叶乔波回忆："当时《郎平日记》在《体育报》连载，我深受启发。由于我伤病比别人多，时常有被运动队淘汰的危机感。对于只有小学四年级文化基础的我而言，步入社会与同龄人竞争，艰难程度可想而知。"后来，叶乔波的《未来不是梦——世界速滑冠军叶乔波日记选》由沈阳军区出版社出版发行。速滑名将王北星曾因为买不到这本书，而抄写了全书内容。

1990 年，国家速滑集训队解散后，叶乔波重返解放军队，她依然不忘潜心学习。1994 年，叶乔波踏进了她梦寐以求的清华大学，在校期间几乎没在深夜两点前睡过觉；最吃力的时候是晚上 9 点下课后，还要完成 3 个案例作业。

叶乔波一直记得："帮我补课的导师吴家仪一边帮我做饭，一边鼓励我说：'运动员都很聪明，又有毅力，不怕基础差，只要耐住性子。'"与其他"科班出身"的同学一起学习，叶乔波拿出了"乌龟赛兔"的劲头。别人一学期选修四五门课，她只能选一两门；别人用两年时间修完全部课程，她用了 6 年。

有记者曾经问过叶乔波："做运动员和念书，你觉得哪个更加困难一些?"她的回答颇为得体："我觉得就运动天赋和兴趣而言，如果再让我选择一次，我还是会选择体育，但是与读书比起来，做运动员可能要苦得多，更艰难些。很多人都可以通过读书成才，但如果让同样的人群从事一项非常专业的体育运动，不见得每个人都能坚持下来，更不要说拿世界冠军了。"

不做奴隶：聂耳不废读书之源

一百一十年前的 2 月 15 日，聂耳诞生于云南昆明，原名聂守信，聂耳是他听力敏锐而得的昵称，后用作笔名。

关于聂耳的出生日期，长期以来都存在误解。《不愿做奴隶的人：聂耳传》称：因为聂耳在日记中写道："1912 年 2 月 14 日，这一天，我来到这个世界。"因此，聂耳逝世后的纪念碑和出版物大多数都以 14 日为他的诞生日。出生地昆明所立的纪念碑上也刻着"2 月 14 日生于昆明"。1982 年聂耳诞辰 70 周年之际，聂耳研究学者崎松访问了聂耳兄长聂叙伦，首次确认聂耳确切的生日应该是 2 月 15 日。

母亲启蒙，手抄课本

聂母彭寂宽，对聂耳精神世界的形成产生过巨大影响。

聂耳 4 岁时，父亲病故，为了撑起这个家，两年来，母亲像只不辞辛劳的老鸟，不停地叼枝衔叶，只为了在风雨飘零的人世，保护她的巢和巢中嗷嗷待哺的稚儿。聂母逐步学会了把脉诊病，开方配药，从没有上过学的她刻苦努力，终于通过了官方鉴定医生的考试，独立支撑起"成春堂"中药铺（今甬道街 73 号）的经营。为了年幼的孩子们和一家五口的生计，聂母行医、卖药、缝补，夜以继日地工作，无暇喘息。

出身傣族的彭寂宽，从小没有机会上学，她想跟哥哥学习写字，遭到封建思想浓厚的父亲（聂耳的外祖父）强烈反对。但她并不放弃，偷偷地跟哥哥读书识字，自力更生地学习文化。

母亲白天操劳医馆的工作，夜里做针线活至深夜，她一边做手上的活计，一边给孩子们唱动听的云南民歌，讲杰出先贤的故事。像《柳荫记》《孟姜女》《安安送米》《鹦哥记》……这些流传民间的故事多为七言或十言韵句所写成，可说可唱。妈妈先是漫不经心地讲，讲着讲着，兴致来了，语调也变得抑扬婉转。有时，乘着兴头，妈妈还会唱一段老家玉溪的"花灯调""洋琴调"，这些词曲子朴素优美，像春天的风，启蒙着聂耳幼小的心灵、激活着音乐潜能。

聂耳从小热爱学习，沉浸在传统艺术的氛围里，母亲积极向上的生活态度和热爱歌唱的自得其乐精神，令其儿女们在正直勤奋、喜爱钻研的家庭氛围中成长。

也许是遗传了母亲的好学精神，聂耳 4 岁就会认读 500 个汉字，6 岁上小学以后成绩名列前茅。他还学习竹笛、二胡等民族乐器，不仅组织和指挥同学歌唱，还参加戏剧表演，被选为班干部，是个在校内校外都非常活跃的孩子。

初小毕业的聂耳，因为家贫，被迫转学到学费低廉的私立求实学校的高小部就读。因无力购置课本，聂耳只能用耳朵听课，用心记住老师讲过的课文。

一天，母亲见聂耳一回家就埋头抄写，很惊喜。面对母亲的惊讶，聂耳回答："妈妈，我这样抄课本，不仅可以练习写字，还能帮助记忆。您看，老师还没教过的课文，我都背熟了。"

聂耳给妈妈背诵课文，给妈妈唱歌。在母亲的面前，聂耳还是那个爱说爱笑的孩子。可是，在学校里他变得爱一个人想心思。一连串的事情，仿佛是生活有意给他补的一课。在这个社会里，并不是事事都讲"公平"二字。

求实学校非常注重学生的情操美育，设置了民族乐器和脚踏风琴等课程，这对培养聂耳的音乐才能起到了重要作用。同时，在参与争取校舍的斗争中，因表现勇敢被学校奖励，也进一步加深了聂耳对社会的认识。

《我之人生观》，两作言志

13 岁的聂耳高小毕业，却因经济原因无法继续升学。他的一位教师爱惜聂耳的才华，主动借钱给他补足学费，使得成绩优秀的聂耳顺利地考入了云南第一联合中学。

聂耳在英语学习上特别用功，课余还参加了英语夜校补习班。老师柏希文激赏聂耳的才能，补习英文之余，还热心指导聂耳去关心和思考各种学问；当知道聂耳喜欢音乐时，柏老师就抽空教授他音乐理论和钢琴。柏希文既是"经师"又是"人师"。

聂耳此时写作了一篇题为"我之人生观"的作文，在柏老师的引导下，聂耳热爱学问的志向可见一斑。文章如下：

我的人生观，非是宗教家的、哲学家的以及科学家的。不过，世界实是一个幻想，我想我们虽然一天一天过去，表面上不觉得什么，实际上还受政府和外人的支配管辖。我觉得最好是等到大学毕业，去游历一转之后，对于学术上有研究，并且还有几个钱，那时我们又将如何呢？不消说，来到滇的西山，买点极清幽的地方，或是在外省也有极静或山水清秀的，也还有可以。约得几个同志，盖点茅屋，一天研究点学问，弄点音乐。不受外人支配，也不受政府的管辖，如此岂不是就终了我的身了吗？

13 岁的少年聂耳，豪情中飘荡着对无政府主义及浪漫主义的憧憬。联合中学国文教师大概不喜欢这篇早熟文章里有"政府的支配"这样的字眼，所以给了一个略为严厉的批语："青年志望宜远大，不宜作隐逸之想。"这个批语对聂耳来说是个打击，两年后他升学进入云南省立第一师范学校，再次写了一篇关于人生观的文章。

人生观是各人不同的。有的是消极的，有的是积极的，还有所谓浪漫的。我的人生观并不是消极的，也不是积极的，更不是浪漫的。现在我就来说我的人生观了。

"因环境的变迁而使人生观改变"这话对的吗？对的，我认（为）是对的。因为在中学时候我曾经作过一篇《我之人生观》，在那时的人生观可以说是消极的——因为受了社会和朋友的影响——但是自中学毕业后，考入省师后我的人生观又是一种，现在不妨写在下面。

恶劣的社会快要和我们有为的青年交战了——每一个人都是处在社会里的。既然人人都是在社会里过生活，当然要获得个人的生活。但是我们可以觉晓我们的自由究竟得着多少，完全是在几个军阀政客包办的政府手里。他们喜欢怎样完全是听便的。还有种种的恶俗和许多不能适应新社会的旧礼教，仍然存在二十世纪科学时代的社会里。这些都是我们应当打倒的。换言之，就是打倒恶社会建设新社会。

我的个性（是）很喜欢工业。假使我有升学的机会，我希望入工科。我自己相信我稍有一点艺术天才。从我个性去发展，所以我也要研究艺术。还有我也希望做一个游历家（并不是鲁滨逊那种个人主义的思想），游历世界一周，由实地观察之所得以建设新的社会。

早慧的聂耳阅读了《生活知识》《创造月刊》《东方杂志》等进步刊物、书籍，还包括相关杂志的列宁专号、鲁迅著作、日本学者厨川白村的《出了象牙之塔》翻译本等。面对方兴未艾的学生运动，聂耳积极参加为"五卅惨案"牺牲者遗族筹集资金和抵制日货的活动。

在其作文课业中，也表现出对时事的关注及鲜明的同情劳动人民的观点。如聂耳在《近日国内罢工风潮述评》一文中说："自五卅惨案发生以后，国内罢工之风潮，纷纷四起……盖受资本家之压迫，生计之日高，工资不敷之故也……吾人欲免除罢工之患，非打破资本阶级不可。"

反帝运动、劳工运动的高潮时期，聂耳与普通群众一样，喜欢唱各种中外革命歌曲——《国际歌》《国民革命歌》《黄埔军官学校校歌》《工农兵联合歌》等。在学校或在家，他喜欢与朋友合奏《梅花三弄》《苏武牧羊》《昭君和番》等当时的流行歌曲。

聂耳的求学热情并无减退，夜晚仍然到柏老师的英语学校或基督教青年会（晚上有英语课程）去上学，脚踏实地地在求学路上前进。

热衷戏剧，拥抱电影

聂耳不仅对乐器感兴趣，还热衷于戏剧表演。他自初小始，就参与戏剧表演，而且在高小、中学、省师时对戏剧的热情有增无减。

甚至在北平停留的短短三个月，虽然生活窘迫，但聂耳还在回上海的前一天晚上，在东城区东单外交部街区的俄罗斯语商学院演出以"九一八"为题材的独幕话剧《血衣》，聂耳扮演了一个支持年轻人抗日救国的老爷爷。接下来原定将要演出一部象征剧《起来》，然而却突然原因不明地终止了，改由聂耳表演小提琴独奏来代替。

昆明的元宵节很热闹，当地有载歌载舞赛歌闹花灯的传统，人们把民间故事编成朗朗上口的诗句来歌唱。在没有其他娱乐手段的年代，这种走街串巷的表演最为老百姓所喜爱。聂耳最喜欢听歌会，只要一听到锣鼓响动，他就从家里冲到街上，挤到最前列，加入看热闹的人潮。看完回到家，他就能边唱边记录下刚才听到歌曲的谱子。

聂耳还喜欢云南地区流行的传统滇剧。当时昆明有两个滇剧剧场，有时候亲戚会带聂耳去看戏，他屏气凝神地看戏听音乐，回家后就能从头到尾演给家人看。

1929 年 10 月，就读云南省立一师的聂耳，参加了学校戏剧研究会所举办的一系列中文话剧的演出活动。因为由此而沉浸其中的演戏"惹祸"，聂耳被迫离开昆明，背井离乡来到上海。事情的原委是：

1930 年春节，聂耳与云南省立一师戏剧研究会的同好们赴玉溪公演新排的话剧《春闺怨》。聂耳饰演的主角是一位勇敢的女性，在异族统治的黑暗时代，她敢于与腐败凶恶的官吏做斗争。许是因为《春闺怨》的故事与云南当时的现状接近，演出获得了巨大成功。

这出戏好评如潮，消息传至昆明，当局认为戏剧研究会的背后有共产党的支持，而研究会的负责人聂耳成为他们的眼中钉。尤其是多名同学的被捕，更是聂耳成为下一个目标的前兆。在家人的帮助下，聂耳最终逃离云南，辗转去到上海。

成为"新上海人"的聂耳，几经周折，不期而遇地与集文学、戏剧、音乐等综合艺术为一体的电影拥抱在了一起。聂耳与面向大众、风行当时的电影的相遇，偶然之中有必然。这种必然，就是聂耳拥有的文学、戏剧、音乐多方面的才华。深谙社会底层疾苦的聂耳，与服务劳苦大众的具有短平快特点的电影艺术高度契合，在共情中爆发出共鸣，进而水到渠成地拥抱这种艺术形式。

聂耳在电影中扮演各种角色，如在《母性之光》中饰演了黑人矿工，也曾答应在《风云儿女》中出演梁质夫。他还利用拍摄间隙努力写作，1933 年 8 月底电影剧本《时代青年》脱稿。

聂耳创作的那首著名的《卖报歌》，虽然不是电影主题歌，也不是电影插曲，但以轻快的曲调，苦中作乐的精神打动人心，至今广为传唱。还有，他创作的《毕业歌》明快昂扬，充满理想与爱国热情，以此为主题歌的电影《桃李劫》公映。三年后，1937 年抗战全面爆发，《毕业歌》仍然像希望的灯塔，为大家所传唱。

由此，就不难理解聂耳在北平时穷得买不起棉衣，但却有无限的兴趣在秋末深入天桥等地，用有限的几个钱来收集北方民间音乐素材，并聆听卖嗓子、卖武功的吼声。

上海打拼，不废读书

1930 年 7 月，18 岁的聂耳成为"新上海人"，一直在上海打拼到 1935 年赴日止。即使离沪赴北平的短短三个月，聂耳还跟随在清华大学教授小提琴的苏联老师托诺夫上小提琴课，直到囊中羞涩而无法继续上课才作罢。

聂耳在沪五年的打拼之难，包括"四次失业、一次晕倒"。"新上海人"这个词汇，隐含着在上海打拼的几多艰辛、奔波和漂泊。有过"北漂"或"沪漂"经历的城市新人，岂止感同身受。即便如此，聂耳也丝毫不放松学习和追求进步。

聂耳来沪的第一份工作，是在云丰申庄从事杂役性的工作，开始没有工资。后来，见聂耳颇能吃苦，除提供食宿外每月还给了法币 15 元的津贴，对于囊中空空的聂耳这可是一笔了不起的财富。聂耳添置了一点点生活用品，剩下的买了几本自己喜爱的书：《日语读本》《英语周刊》。对这些书刊，聂耳爱不释手：每天晚上往阁楼里一钻，抱起书本就在暗淡的灯光下阅读起来。

开始，他为自己的学习环境犯过愁，那些小店里的帮工一到晚上就聚到小楼里来，有的搓麻将，有的闲聊，一折腾就是大半天。他就关紧自己的房门，在笼子似的屋里倾心苦读起来。就这样，在一片嘈杂的噪声中，他熬过了一个个夜晚。最初，他每周还要抽出两三晚上去补习英语，去了几次发觉那些教授英语的水平不高，只好认栽白贴了学费。后又转到了日语班学习，一本《日文典纲要》给了他自修的趣味。

除此之外，聂耳还阅读了《拓荒者》《读书月刊》等大量的文艺月刊。他在日记中有这样的读后感："看了《读书月刊》以后的一个总的感觉是兴奋和激起我的读书欲和创作欲。我希望着它更充实起来，毫无畏缩地表示出我们的精神和态度，成为中国新兴文化惟一的导师。"他对《读书月刊》寄予了一个文学青年的厚望，文学创作也是他的爱好之一。

在昆明读书和当兵期间，聂耳创作了一些颇有文采的小说、诗歌和散文。其中一篇题为"雨"的诗，他还以从云南到湖南当兵途中乘船经历写了一篇《在轮船上》的散文，在云南《省师周刊》上发表后引起了极大的反响。

假若聂耳选定的是一条文学之路，走下去也会大有出息的。但他更热爱音乐。

聂耳对音乐理论的学习，也从来没有停止过。前述北平之行，就是为了报考进入学校系统学习。除了在北平拜师苏联小提琴家外，还在上海拜师学习钢琴和作曲。1934 年 7 月，《毕业歌》大获成功，聂耳的经济条件得到改善后，即通过贺绿汀的介绍，在上海国立音乐专科学校教授谢尔盖·阿克萨可夫的门下学习钢琴及作曲理论。课程一直延续到翌年 4 月赴日前夜，历时将近 8 个月。聂耳利用这种一对一的学习方式，消弭了与接受过系统而正规音乐教育的音乐同行们的差距。

附录

一周一书：媒体刊文录

上海商学院："一周一书"
推动"课程思政"

世界读书日来临之际，上海商学院日前举办"'一周一书'·试读"总结表彰活动。该校以"一周一书"活动为创新"课程思政"的抓手，注重用"思政要素"这一主线来统领与盘活课内外教育资源，在不增加资源投入的背景下，激活了"本科骨干教师激励计划"与众多学生社团自我教育和发展的教学资源，课内外"两翼"展翅齐飞的良性互动势头初步显现。

有 67 年办学历史的上海商学院，是一所拥有万余名学生的上海市属公办本科高校，毕业生就业率持续保持在 96% 以上。近年来，该校始终坚持思政教育在学生精神成长中的主导地位，以学生的终身发展为教育的出发点和归宿，面对刷微信等成为学生"新常态"的现实，通过创新"课程思政"的教育形式和教育手段，把握社会主义的办学方向，做好青年学子思想的引路人。

学校大力加强和充实马克思主义学院建设。去年年底该校设立马克思主义学院，由党委副书记兼任院长，将原来的一个综合教研室分设为司职不同的三个教研室，在引进思政教师上给予大力倾斜。与此同时，加强和改善全校基层党组织建设。去年年底全校二级学院党总支改选工作全面完成，既建立和健全了党总支委员会，又落实了党员院长兼任党总支副书记。在此基础上，进一步加强思政课程建设的支持力度。今年近 10 门"中国系列"思政课程获得校内资助；整合全校教育资源建设的《丝路中国》课程，入选上海市教委拟支持的建设在线开放课程。学校还将"立德树人"融入每门非思政课程的具体教学环节。特别注重挖掘非思政课程中的思政"元素"，强化教书和育人，并使之有机统一，将课程思政"元素"得到具体落实与践行。

"一周一书"大学生阅读推广方案，是该校践行校训"厚德博学，经世济民"之"博学"的一种阅读尝试，侧重以阅读量化导向为抓手，引导大学生积极投身阅读，养成读、思、写习惯的读书活动。要求在校大学生每天读 50 页书，一周读完 300 页书（30 万字），并写作一段读书感悟予以分享，坚持一年读完 50 本书，坚持四年读完 200 本书（6 000 万字）以上，并且帮助学生在"博"与"深"两个维度上得到切实提升，为"厚德"植入"核心价值观"的内容。

该校文法学院创新"一周一书"阅读推广模式，在试读阶段先后推出了"走读乡贤""诗词'荟'""领读社""新闻采写坊""红色经典会"等形式，得到了不少师生的认同和欢迎。如大学语文课程教师推出"诗词'荟'"，创新学生背诵唐宋诗词的方式。它要求学生从指定的唐宋诗词选本中挑选一百首，形成自己个性化的背诵清单，通过随机抽签形式当场背诵其中的两首，合格的计分，不合格的另行考核。其创新之处，一是每个学生都有个性化背诵清单，增强了参与的主动性；二是随机抽取诗签，当场进行背诵检测，增强了参与的趣味性。又如，专业教师创新社工专业学生阅读形式而推出的"领读社"活动，要求每个月对其中精读的一本书，由专业教师指导和帮助一名专业学生负责"领读"，强化专业类书籍的阅读深度。再如，"红色经典会"活动面向学生党员和入党积极分子，要求从"红色经典书目"中选读，通过书中优秀共产党员形象的榜样作用，提高学生"两学一做"活动的实效。

（原载光明网 2017－04－24，记者：颜维琦）

每天读50页书! 这所学校的学生对自己够"狠"

"一周一书"大学生阅读推广方案，是上海商学院践行校训"厚德博学，经世济民"之"博学"的一种阅读尝试，侧重以阅读量化导向为抓手，引导大学生积极投身阅读，养成读、思、写习惯的读书活动。

在此基础上，坚持一年读完50本书、四年读完200本书（6 000万字）以上，帮助学生在"博"与"深"两个维度上得到切实提升，为"厚德"植入"社会主义核心价值观"的内容。

上海商学院文法学院创新"一周一书"阅读推广模式，在试读阶段先后推出了"走读乡贤""诗词'荟'""领读社""新闻采写坊""红色经典会"等形式，得到了师生的认同和欢迎。如大学语文课教师推出"诗词'荟'"，要求学生从指定的唐宋诗词选本中挑选一百首，形成自己个性化的背诵清单，通过随机抽签形式，当场背诵其中的两首，合格的计分，不合格的另行考核。其创新之处在于每个学生都有个性化背诵清单，主动性强；随机抽取诗签并当场检测背诵，生动有趣。又如，专业教师创新社工专业学生阅读形式，推出"领读社"，要求每个月对其中精读的一本书，由专业教师指导和帮助一名专业学生负责"领读"，强化专业类书籍的阅读深度。再如，"红色经典会"面向学生党员和入党积极分子，要求从"红色经典书目"中选读，通过书中优秀共产党员形象的榜样

227

作用，提高学生"两学一做"的实效。

近年来，上海商学院始终坚持思政教育在学生精神成长中的主导地位，以学生的终身发展为教育出发点和归宿，面对刷微信等成为学生"新常态"的现实，通过创新"课程思政"教育形式和教育手段，把握社会主义办学方向，做好青年学子的思想引路人。

加强和充实马克思主义学院建设。去年年底设立马克思主义学院，由党委副书记兼任院长，将原来的一个综合教研室分设为司职不同的三个教研室，在引进思政教师上给予大力倾斜。

加强和改善全校基层党组织建设。去年年底全校二级学院党总支改选全面完成，既建立和健全了党总支委员会，又落实了党员院长兼任党总支副书记。

进一步加强思政课程建设的支持力度。今年近 10 门"中国系列"思政课程获得校内资助；整合全校教育资源建设的《丝路中国》课程，入选上海市教委拟支持的建设在线开放课程。学校还将"立德树人"融入每门非思政课程的具体教学环节。特别注重挖掘非思政课程中的思政"元素"，强化教书和育人，并使之有机统一，将课程思政"元素"得到具体落实与践行。

（原载上海教育网 2017－04－25）

上海商学院：创新"一周一书"阅读推广模式

倡导每天阅读 50 页书，一周读完一本书（300 页 30 万字左右）后写下感悟并交流分享，一年 52 周可以读完 50 本书（1 500 万字），大学四年坚持不辍，至少阅读完 200 本书（6 000 万字）并写下若干文字。

在上海商学院，这个名为"一周一书"的阅读推广模式提出不过短短半年时间，然而随着"量化自律"阅读理念的快速扩散，以及各种劝读活动的持续引导和推进，这一阅读推广模式很快引起了复旦大学、上海交通大学、中国教育科学研究院、美国海波特大学等十多所高校和教育研究机构专家学者的认可，而且还点燃了中小学语文教育工作者关注"阅读"的热情，受到社会各界的广泛关注和支持。

作为"一周一书"的首倡者、劝读者、领读人，上海商学院文法学院院长、教授方有林更愿意把自己看成"报晓雄鸡"，每天坚持唤醒学生阅读，希望以日常阅读量化自律实施为抓手，通过阅读量的持续累积和自我约束的反复强化，帮助和促进大学生在阅读、思考以及表达三个方面获得不断成长，从而掌握读书方法，形成读书能力，养成读书习惯。这既是践行上海商学院校训"厚德博学，经世济民"之"博学"的一种阅读尝试，也是响应国家大力推动"全民阅读"的实践探索。

一、从学生实际出发培养阅读习惯

对于方有林来说，文法学院 2016 级学生是他履新文法学院院长以来的第一届学生，也是促使他提出"一周一书"理念的直接推动者。方有林先后与学生多次座谈、单独交谈，引导他们走出宿舍，结伴去阅览室，多看书，少刷屏追剧，甚至还飞行检查过学生宿舍。

经过一个学期的"劝读"，效果如何呢？在"本科骨干教师激励计划"实施过程中，方有林执教"看'法'"研讨课，他在课上调查学生们一个学期下来读了几本课外书。调查结果让方有林大跌眼镜：最少的零本，大部分学生只读过几本书，多的也不过十多本、二十几本。惊讶之余，方有林与学生们进一步探讨："你们可以接受一年读几本书？"学生们各抒己见，虽然各人报出的数字有多有少，但比较集中的观点是：大学生一年应该读 50 本左右的书。

一年有 52 周，一年读 50 本书，不就是一周读一本书吗？于是，在方有林的脑海中突然闪出了"一周一书"这个词。进而明确，每天坚持读 50 页书，按一般的阅读速度，所需个把小时，一周用六七个小时就可以读完一本 300~350 页的书。

从今年 3 月 14 日开始，方有林选择了社工 152、社工 161 两个班级 78 人，启动为期一个月的"一周一书"试读活动。"当时学生们都以为我疯了，可是我觉得在读书这件事情上我疯得还不够。"从杜甫的"读书破万卷"、俞敏洪的"回忆北大学习生涯至少要读 500 本书"，再到日本江户庶民阅读、欧美国家人均阅读量可观，抑或是古今中外名人名商博览群书，诸多案例使方有林的心中充满紧迫感，他甚至为自己取了一个新名字——"周一书"，希望将"一周一书"这项工作坚持到底。

然而，当学生提出质疑"这个'周'是指一个星期还是一个周期？如果以一年为周期，一年读一本书行不行"的时候，方有林承认当时的确被将了一军，但经过认真思考后他明确了这个"周"还应该具有弹性的意味，倡导自己确定"阅读周期"，由慢变快、积少成多，贵在坚持。于是，刚性要求与弹性推进并存，被明确写进了"一周一书"行动倡议书。

现在回想起来，方有林感到"一周一书"的横空出世，颇似阿基米德定律产生的过程，"虽然只是在坐进浴缸的一刹那灵感闪现，事实上却是阿氏长期苦苦寻求测定皇冠体积之法的必然结果"。

二、将阅读行动落小落细落实

自从 3 月中旬以来，从夯实文法学院"一周一书"活动基本群体、种好试验田，到积极为全校书友服务并形成校院两级互动，再到超越校园形成"一周一书"群体初具"链式"架构，"一周一书"活动通过搭设学生交流读书平台、表彰"阅读先锋"、推广到更多班级、建立"一周一书"活动微信群、院长推荐好书、与校图书馆合作打造"书之道"阅读平台、与倡导阅读微信公众号合作等途径，不断探索和创新阅读形式，分享阅读文化，营造阅读氛围。

"一周一书"活动得到了上海商学院 7 位校领导的持续关注和认可，在推进过程中利用"学生阅读"与"教师指导"有机结合这一抓手，一方面夯实"师生互伴"计划实施，同时践行校训"厚德博学"之"博学"内涵，不仅将"本科骨干教师激励计划"落到实处，而且通过强化"中国梦"系列教育活动——以"双'亮'工程"（习近平语：点亮理想之灯，照亮前行之路）引路，不断增强学生学习（阅读）的自觉性和紧迫感。

为了建立"一周一书"阅读活动的制度建设和机制保障，上海商学院积极盘活导师制、学长制、"本科骨干教师激励计划"等既有的教育资源。"一周一书"阅读活动先后推出的"诗词'荟'""领读社""红色经典会""泮林革音读书会"等形式，受到了不少师生的认同和欢迎。如文法学院中文教研室教授李强创新诗词背诵形式，4月10日率先在大学语文教学班中的230名学生中进行探索性试验，让学生从指定的唐宋诗词选本中挑选一百首，形成自己个性化的背诵清单，通过随机抽签形式，当场背诵其中的两首，增加了学生传统文化阅读的个性化和主动性。

三、呼唤新的"阅读窗口期"

立足"博"与"通"两个维度开展阅读行动，明确提出用阅读量化指标来引导、督促、检测阅读及其过程，是"一周一书"活动的主要特点。在方有林看来，虽然"一周一书"活动是针对大学生阅读而提出的，但由于母语阅读涉及中小学乃至幼儿园，加之"一周一书"活动简便易行的特点，受到社会各界的关注和支持也有其道理。不仅在上海，而且在其他省市举行的全国性教育论坛上，方有林也多次受邀介绍"一周一书"阅读推广模式，引起关注。今年暑假，上海商学院爱贵支教团第七次前往贵州毕节山区支教，同时也将"一周一书"活动带进了贵州山区小学——为贵州长冲小学363名学生人手一册购置《论语》，支教一周组织全校晨读；捐建"一周一书·爱贵驿站"，捐购每班人手一册共50本书，一周一书，一年轮流读完，再整体转给其他班级阅读。若坚持下来，贫困山区小学生的阅读量将达到150~300册。

"从阅读来讲，8~14岁是人的第一个'阅读窗口期'，这个时期如果孩子养成了阅读的习惯，将会终身受益。"借用运载火箭发射比较合适的一个时间范围即"发射窗口期"的概念，方有林引申出"阅读窗口期"。作为高校教育工作者，方有林想通过努力为18~22岁的大学生再开一个"阅读窗口期"，因为本科四年相对自由，正是阅读的大好时机。在方有林看来，阅读积累不能简单化为纯量化的过程，必须讲究必要的阅读方略，交流高效的科学阅读方法，淬炼阅读所获的既有成果……正是当前阅读推广中需要引起足够重视的方方面面。

（原载《上海教育》2017年10B，记者：徐晶晶）

"一周一书"背后有故事

笔者首倡"一周一书"阅读活动，并真抓实干，不断推动，质疑声渐弱，知晓度日盛，大出始料。

"一周一书"阅读活动发端高校，经持续"发酵"，已走出了校园，其影响在社会上迅速扩散，引起本外埠人士广泛关注与称道，看似偶然，实则必然。乃因背后有些"故事"——

一、求索阅读量，持续十数载

"一周一书"名词虽系一时偶得，却孕育于笔者对阅读及其教与学问题的长期关注与求索。所谓长期，从笔者在高校担任语文教学工作对阅读教学的直接体悟算起，已经 15 年了；如果从笔者关注和研究阅读及其教学问题算起，可以追溯到世纪之交的 20 年前。

还是先从笔者担任大一语文教学工作的教学体悟说起。2003 年开设"应用文写作"课堂，偏重写作。学生写出来的应用文，大多空洞苍白、十分幼稚。或求教于时贤老师，或拜读前贤著述，如何有效提升学生的写作能力，作为一个问题始终萦绕脑际。如果说，写作是一种输出，那么阅读就是一种输入。试想，缺乏源头和活水，欲求写作能力的提升，与缘木求鱼何异？

2007 年学校"升本"后，改为开设"大学语文"课程，偏重阅读。教学大纲和授课计划都是有限的篇目教学，于是笔者在教学中反复强调阅读的重要性，提出了本科四年阅读课外书 400 本的建议。大班教学，阅读和督促要落实起来实在是困难不小，加之学生的课外阅读更多处于"放羊"状态，落实有限。有一个显例，很能说明这种自发状态的成果：2009年下学期，笔者发现一位学业考试成绩优良的学生（获得过奖学金），竟然一年只读了教科书之外的3本书。由此推衍，她四年本科只读12本书，阅读量如此之小的大学生，就这样毕业了。更让人难以置信的是，这绝非个案，而是具有典型的代表性。

二、追问"上学"，不忘初心

我国本科学生身上的阅读欠缺问题，绝对不是孤立的存在，而是冰冻三尺非一日之寒。大学生的阅读问题，可能根子出在家庭教育、中小学阅读教学，尤其与中小学阅读教学的理念和阅读及其教学滞后密不可分。

1998年读研以来的中学语文教育研究经历，帮助笔者从一般性观察向理论探讨的纵深拓展和延伸。无论是研究海峡两岸暨香港的中学语文教学大纲，还是研究吕叔湘语文教育思想，笔者都对其中占有半壁江山的阅读教学给予重点关注和思考。长达10年之久对语文课程与教学论的研究发现，现在语文教学中的阅读教学至少存在着两大弊病：一是阅读总量太小；二是阅读方法单一。

就阅读量的要求而言，以前的语文教学大纲（或课程标准）没有明确的阅读量规定。如果说有，最多也只是多读多写这样笼而统之的要求。即使语文新课标，也是首次提出阅读量的有关规定。加上中小学阅读过分强调精读，学生逐字逐句阅读尚且唯恐遗漏掉某个信息，更不敢用诸如略读、浏览，甚至跳读之类的快速阅读法。

大量阅读本来是语文教学的常态，但在功利性弥漫的社会风尚扫荡下，对处于 8~14 岁的第一个"阅读窗口期"的大部分孩子而言，课外阅读已是一种奢求，更别提从养成阅读习惯视角去开展的足量阅读了。

不忘初心，才能行稳致远。阅读也不例外。追溯"上学"原意，本质上指就是上学堂读书。可是，如今的中小学生来到学校，却不读书了（大部分读得很少），显然已经偏离了"上学"的本意。试想，如果我们连为什么出发（"上学"）都淡忘了、弄不明白了，我们有什么理由让别人相信我们会走得很远，甚至更远?!

三、阅读深处，另有隐伏

阅读，这个乍看似乎很小的问题，表面上是一个语文学科教学的微观问题，实质上还是一个涉及整个教育培养"全面发展的人"的宏观问题。

"一周一书"阅读活动，针对阅读深处的"时间高效管理"和"快速读法掌握"两个隐伏问题，力图抓住第二个"阅读窗口期"（大学本科四年），立足帮助大学生初步养成阅读习惯这个主要矛盾而设计。

"时间高效管理"是阅读活动开展的必要条件。在当下阅读及其教学过程中，疏于进行时间管理的专门指导和针对性训练是不争的事实。学生在本科四年"没时间"阅读也就顺理成章，走向社会后"没时间"阅读就更不足为奇。

"快速读法掌握"是阅读活动深入的充分条件。试想，一本普通厚薄的书，用了几个星期都不能读完，这样的阅读，效果如何？乐趣在哪？体验好吗？完成一个课程作业，不能熟练地借助快速阅读浏览尽可能多的资料和文献，这样写出来的作业能有多少深度？

当然，阅读深处的隐伏问题，也许不限于"一周一书"活动中所涉的上述二者。如果还能发掘出其他隐伏问题，并且在阅读及其教学过程加以针对性地解决，那么，肯定将大大助益于阅读活动的推进。

（原载《上海教育》杂志 2017 年 10B，作者：方有林）

校园阅读：为中华民族伟大复兴而读书

——访"一周一书"发起人、上海商学院方有林教授

全民阅读是党和国家文化建设的基础工程，已被纳入国家发展战略。在过去的十年间，各种形式的全民阅读活动蓬勃发展，硕果累累。"一周一书"是上海商学院启动的大学生阅读推广方案，号召学生一周读一本书，并养成读、思、写的习惯。这样坚持下来，一个人一年可以读完 50 本书。试想每年读书 50 本，该有多大的收获呀！这项活动的起源和发展情况令人关注，在第 22 个"世界读书日"到来前夕，本刊记者采访了活动发起人上海商学院方有林教授。

一、发出倡议，让阅读成为生活方式

《新阅读》："一周一书"活动让人振奋，这对每个人来讲都是一种激励和挑战，不仅对个体发展有益，对整个社会形成阅读风尚是一种推动，同时这项读书活动也是一个阅读实验项目，请您谈谈这项活动的形成及意义。

方有林：首先感谢社会各界对"一周一书"活动的关注和关爱！大家支持和鼓励"一周一书"，说明社会欢迎这种阅读的激励和挑战形式，也表明不少书友对自己目前的阅读状态不甚满意，有着更高的目标期许。

"一周一书"，是基于大学生最终养成阅读"自律"的美好愿望，帮助他们形成终身学习能力而提出的阅读促进倡议。我们从大处着眼，小处着手，持续开展了围绕阅读进行的思考和实践探索。之所以策划推出此项活动，是基于以下观察和思考。

一是教师职责除帮助学生获得文凭外，还应该助力终身学习能力和习惯养成。一个大学生在校期间的所学十分有限，继续学习是他们跟上未来社会发展节奏的唯一出路。而这种继续学习能力的基础是阅读。我们很难想象，阅读能力弱、缺乏阅读习惯的大学毕业生，走向社会之后会自觉地、持续地学习和提升自己。如果培养的学生缺乏继续学习能力，作为教师的我们是失职的，有负于学生和家长，也有愧于中华民族伟大复兴的新时代。

二是观察大学生阅读现状之失，寻找阅读能力和习惯补短板之策。我 2003 年进入高校任教以来，一直苦于应对学生读、写、说等方面的能力欠缺的现状，积极寻找对策，虽屡败屡战，但从未放弃。课堂上大而化之、针对性有限的"多读多写"倡议和引导，由于缺乏机制保障，收效差强人意。走近学生阅读时空，窥探到了大部分学生的真实阅读量，让我目瞪口呆。不离思考，不弃探索，我始终坚持寻找助力学生多阅读、乐阅读、深阅读有效途径的进行时。

三是结合"多读多写"体悟和研究，阐发"多"的量化目标及其实践。我较早离开乡村到县城读书，并且获得了较好的阅读机缘，中学、大学一路读了不少"闲书"；后来又从事中学语文教学研究，对"多读多写"有直接的体悟、关注和观察；现在学校教育的课程门类多、课业负担重，学生想多读书，有时也有心无力。我国高等教育从精英化快速转型到大众化，甚至普及化，大学生阅读训练量有较多欠账，目前高校教学方式又对之难有显著改善。

那么，"多读书"的量是多少？目标不明确，执行就有障碍，督促更难，于是我试着向前迈进一小步："减少弹性，增强刚性；分解大目标，落实小目标；执行数量化、检测便捷化。"尝试六个圈层："日"（每天50页书），"周"（一周1本书），"月"（一月4本书），"季"（一季12本书），"学期"（半年25本书），"年"（一年50本书）。逐一推进，自然积累、扎实落地了本科四年、八个学期阅读完200本书的指标，低调有内涵的"一周一书"活动就这样浮出了水面。

四是融会多元主体的利益诉求，集成实现多方面的目标期许。2016年我转岗到专业学院任职，有机会更直接地走近学生、了解学生、深入学生，作为一名公共基础课教师，如何帮助专业学生获得成长和成才？无论是专业学习涉及的口头和书面表达、社会实践成果报告撰写与交流、专业和学位论文的写作与答辩等，还是毕业生走向职场比拼的最终能力构成要素，以及上海市"本科骨干教师激励计划"所要求教师的"导航""互伴""创业"指导，等等，都指向学生阅读面的拓宽、阅读和理解能力的持续提升、口头和书面表达的简明畅达。简而言之，阅读不仅是专业发展的治标固本之策，同时融会了各方的利益诉求，集成了读、思、写能力的提升。我先在文法学院启动了"一周一书"试读，取得初步经验后逐步在全院推开。有效地激发了学生的阅读热情，营造了校园阅读的良好氛围，辅之以校方持续推动"一周一书"阅读活动不放松，较快地得到本校师生的普遍认可，甚至飞出了校园。

《新阅读》：您在学院推广阅读实验，大学生在有课业的情况下进行阅读并写出心得，困难一定不少，请问您都采取了哪些办法帮助大家挑战自我？

方有林：目标和手段有关联，但毕竟不是一回事。"一周一书"阅读活动的最终目标，是基于大学生养成阅读"自律"的习惯，助力他们形成终身学习的能力；不过，实现"自律"的过程和手段却是从"他律"入手的。因为习惯的养成无法一蹴而就，要经历一个较长时间的积累过程，必须创造必要的条件和氛围，点滴地、渐进地加以培育，并持续增加量变累积，才有望最终水到渠成，实现质变。简而言之，就是借助"他律"，实现"自律"。

在上海商学院一年来的积极实践中，"一周一书"阅读活动有意识地营造了一些外在的"他律"形式和办法，助益大学生阅读活动的开展、推进和坚持。其中"进班级"，是以班级为单位，每位学生人手一册"一周一书"读书笔记本，定期收上来检查阅读数量及其读书笔记，由老师来督促阅读进度和过程。"进支部"，是以党支部为单位，主要对象是师生党员和入党积极分子，教师带头、党员带头，侧重读红色经典，力创支部特色阅读。"进课堂"，是进入《大学语文》课堂，目前两项活动纳入课程平时计分：一是"诗词荟"（学生自主选择唐诗宋词等形成个性化背诵目录，教师通过诗签形式抽背检查评分）；一是专题读书交流与展示（课程教学班分组围绕同一本书共读，形成读书笔记，并且集体讨论和交流，教师参与并评分）。因为有"'一周一书'进课堂"的推动，本校一届的本科生 1 800 名左右都在大一分两个学期参与其中。"进社团"，是在学生社团中开展共读和交流活动。除了文法学院"泮林革音读书会"外，还对其所属的全部 15 个社团（社员来自全校各个学院）增加阅读的要求，指导开展定期的共读和交流活动，创新和深化社团内涵建设，将此与本校阅读类学生社团形成互动、共振。"进宿舍"，是利用本市高校"宿舍六 T 创建"的契机，将"一周一书"阅读活动植入学生宿舍，进一步拉近学生与阅读的距离。在宿舍一楼的阅读室，学生可以零距离地接触阅读材料，而且还为小范围的读书交流活动提供了公共空间。"进头脑"，是遴选优秀读书笔记，向校报、校园网、微信平台等投稿，或以参加征文比赛等为载体，将阅读、思考和表达融为一体，鼓励和创造条件让阅读再上一个台阶，进一步提升阅读层级。通过学生习作的展示和刊载，有效地激发学生的自信心和阅读热情，身边的阅读典型和榜样利于推进阅读的良性互动。

"蓬生麻中，不扶自直"，上述"一周一书"活动的"六进"形式营造了校园浓浓的阅读氛围，不但本校的不少教师都参与和垂范其中，还吸引了越来越多的学生汇入校园阅读的行列中来。

二、阅读实验推广，校园掀起阅读风潮

《新阅读》：阅读实验推广的意义，可能在不同阶段对不同群体

都有非凡呈现。请您结合实践谈谈体会，目前上海商学院参与了这项读书活动的学生和老师有多少，学校给予了哪些支持？

方有林：我认为，"一周一书"阅读活动对本校阅读的影响分三个层面，涉及三大类人群。

一是彰显了已有稳定阅读习惯的师生群体并弘扬其正向能量。一般而言，阅读推广活动对于已有阅读习惯人群的推动作用比较有限。但是，这一群体阅读行为具有的彰显和弘扬作用，能营造出向上的舆论环境，其以火种点燃学生阅读信心之功不可低估。我校有一位中层领导亲口告诉我，虽然她一直坚持阅读，但是之前羞于说自己在读书，"一周一书"阅读活动让她理直气壮地说出了自己的阅读行为，之后她开始公开组织本部门的读书活动。学生中这样的案例也不鲜见，如 2017 届毕业且考研成功的一位女生告诉我，她早就做到"一周一书"了；还有 2017 届毕业且考研成功的另一位女生甚至一年读了 100 本书（一周二书）；2017 级一位新生第一学期一周可以读 1.5 本书。我们及时总结类似的案例，进行多层面宣传，收到了良好效果。

二是激活和点燃了具有阅读意愿但欠缺阅读习惯的学生群体。这类学生人群至少占三分之一以上。他们或因为阅读动机多来自外部，或因阅读方法过于单一，或因时间管理不够科学等，若引导得法将形成阅读的一支有生力量（加入前者），这是"一周一书"阅读推广活动关注的重点群体，也是考验我们工作耐心、工作策略的阅读群体。

　　三是开启了阅读意愿低、阅读能力或阅读习惯亟待提升的群体。有相当一部分大学生读书意愿不足，既缺乏阅读目标也缺乏阅读方法。这是有待深度开发的阅读人群，占三分之一左右，是我们工作的难点。

　　就"一周一书"阅读活动影响人群的具体数字而言，可以区分为两个层面：一是，直接数字和间接数字；二是，近期数字和远期数字。

　　直接数字方面，包括文法学院全院近 500 名学生，以及全校 1 800 名大一新生。得益于"进班级"（前者）、"进课堂"（后者）两者的强力推进。间接数字方面，"一周一书"阅读活动营造了良好的校园阅读氛围，尤其是"一周一书"微信推送的广覆盖性，辅之以"进社团""进宿舍""进头脑"的辐射，吸引了全校其他学院的不少学生陆续参与进来。譬如，"进社团"形式，文法学院 15 个社团之一的"爱心贵州"社，他们不仅在社团内部开展阅读活动，影响到来自全校各学院的学生 300 多人，还将阅读活动辐射到贵州山区多所小学。再如，文法学院与校图书馆合作共建，以"书香驿栈"读书会为载体和抓手，共同推进微信群中超 450 名全校师生的各类阅读活动，每周有线上讨论、公号推送，还有走读活动等。此外，"上海商学院教职工读书协会"等组织涵盖的教职工读者 222 人，以及"一周一书"还用微信及其公号形式，服务全校万名师生和全国各地的几千名书友，其中不少是阅读的拥趸和语文教育工作者。

　　近期数字方面，校园内阅读人数超过 3 000 人。至于远期，我们将逐步覆盖全校的学生。继续扩大服务面，加强与社会合作的力度，积极探索辐射和服务中小学校园的阅读模式。

2017 年 3 月 14 日，"一周一书"阅读活动甫一开始，即得到学校党政领导的高度重视和亲切关怀。一是充分肯定和支持"一周一书"的创意和做法，在各种场合下大张旗鼓地宣传和推介读书活动和"一周一书"品牌；二是校报辟有专栏，定期或不定期地登载阅读信息和师生读书心得等；三是倡导和鼓励将阅读与专业学习、日常教学活动有机结合；四是学校在设立的包括"校长奖学金"在内的各类奖励中，都不断突出阅读在其中的权重。

《新阅读》："一周一书"活动发展起来是不容易的，坚持下去并做大做好可能需要构建一个团队来支撑各种日常的宣传活动、给学生提供的各种服务等，您对"一周一书"阅读活动的组织架构和发展布局方面有哪些深远的打算？

方有林：先介绍一下"一周一书"阅读活动在文法学院实施中形成的组织架构。围绕"六进"已经初步形成了六类组织架构："进班级"主要依托学院团总支、学生会与行政班团支部、班委两级组织负责实施；"进支部"主要依托学院党总支、系室党支部两级组织负责实施；"进课堂"主要依托中文教研室与《大学语文》任课教师两级负责实施；"进社团"主要依托院学生会社团部与学院所属 15 个学生社团负责人，构成两级组织负责实施；"进宿舍"建设阶段主要依托后勤保障处、学工部与二级学院负责实施，运营维护主要由参与建设的学院负责实施；"进头脑"主要由文法学院党政工团统筹与本校相关部门联络、对接并组织实施。

下一步拟重点做三方面的工作：一是深化"一周一书'进课堂'"的内涵建设，除了本学期开设"'一周一书'导读"的公共选修课，致力于培养一批学生领读者的工作外，还要在课堂教学形式的改革方面进行积极探索，将深度阅读与课程教学、学工工作等有机结合。二是积极推进学校内部读书会和书友力量的整合，推动校级层面的阅读领导和指导机构建设，不断推进校园深度阅读与日常工作的有机结合，持续营造更为优良的校园阅读氛围乃至校园文化建设。三是朝着筹建"尚商书院"的方向去努力推进，与学校的应用技术转型、综合教育改革的总体布局有机地结合起来，进一步夯实"一周一书"的品牌，深化"一周一书"阅读活动的内涵建设，为学生提供更多、更为优质的阅读信息、阅读指导和阅读提升，不断提高学生的阅读力。

三、校园读书活动意义深远同时任重道远

《新阅读》：我看您和学校在指导帮助同学们开展阅读方面做了很多工作，那么咱们"一周一书"活动在精神层面的感召是什么呢？

方有林：在2017年新生开学典礼上，我就与新生探讨了在大学里为什么要多读书，应该怎样读书的话题。我觉得这是一个很宏大的话题，也是一个很具体的问题。所谓宏大，是因为这个命题很

大：我是谁？我从哪里来？我要到哪里去？所谓具体，是因为关乎为什么读书，怎么读书？我们应该怎样度过大学四年的每一天？

我与同学们说，关于读书目的，有一句传播久远的话"黄金屋、颜如玉、千钟粟"，我不知道大家如何理解这几个词？我以为，这几个词是有时代的局限性。为什么这样说呢？如果用这句话指导我们度过大学四年，最大的可能是多培养了一名"精致的利己主义者"。试想，仅仅从自己的利益出发，表面上看来无可厚非，而实际上不过是在为目前诟病的功利社会添了一块砖。难道我们仅仅满足于获得一张本科毕业文凭，多挣一些钞票吗，这样的目标，是否太低了？

人们常常把大学比喻成象牙塔，那么身处其中，应该想想做一点与象牙塔名实相当的事情。我们应该将自己的小利，融入比较远大的志向和目标中。否则，作为中国在读的大学生，身处世界第二大经济体的今日中国，我们将有负于这个伟大的时代，我们只是要做一个"暴发户"吗？那样，后人将唾弃我们。

我们不时感叹身边人不读书、读书少，每年 4 月 23 日"世界读书日"发布的国人阅读量数据，确实让人汗颜，与我国的经济体量太不相称了。我们说，空谈误国，实干兴邦。所以我们尤其要珍惜校园的读书时光，多读书、读好书，那么我们走出校园才能以满腹的学识大展身手，报效国家。因此读书之前，我们要树立高远的读书目标。一百年前周恩来同志就在南开发出"为中华之崛起而读书"的呐喊，老一辈无产阶级革命家和几代中国共产党人投身革命，改变了旧中国积贫积弱的面貌，书写了中华民族崛起的辉煌篇章。今天，我们身处中华民族伟大复兴的新时代，应该毫不犹豫地高声喊出"为中华民族的伟大复兴而读书"，将小我融入国家发展和民族兴盛之中。

我们在校园里开展的"一周一书"活动是在不断探索之中前进的，我们不仅探索提高同学们阅读力的路径，也希望在精神层面来感召大家，给大家以内在的源动力。我想除去阅读能带来自身的愉悦感，再没有比时代的召唤，民族的伟大复兴的召唤更有感召力的。

《新阅读》："一周一书"活动对大学生的帮助有立竿见影的效果，更深远的意义是阅读改变了一个人的精神底色。您每天接触这些很有个性、思想多元化的年轻人，您认为"一周一书"活动使参与的学生发生了哪些变化？

方有林："一周一书"阅读活动收到立竿见影的效果，主要表现为学生读了一阵子书以后，心就开始安静下来了，浮躁之气慢慢减少。譬如刚起步时，一部分同学对"一周一书"心存疑虑、将信将疑，试读了一个月后，一位学生告诉我，四本书读下来，自己不仅可以做到"一周一书"，而且不觉得是一个可怕的、讨厌的任务，这样的例子不是少数。阅读让年轻人有了静气和定力，这就说明他们在成长、成熟中，增强了自信，从而激励他们敢于尝试新鲜事物，敢于挑战自己。

《新阅读》："一周一书"活动取得了可喜的效果，但持之以恒对于学校和学生来讲可以说任重道远，或者说我们的学生走出校园，走到工作岗位还能不能坚持阅读这都是未知数，您对此有信心吗？

方有林：阅读知易行难。如何从长远的角度着眼，来帮助学生养成阅读的习惯，的确需要日积月累、水滴石穿的功夫和耐心。

一般而言，阅读习惯主要是在中小学养成的。但大部分大学生的阅读习惯并未养成。一是在应试教育的背景下，大部分孩子在中小学都没有经历过大量阅读的实践，因此也就没有形成良好的阅读习惯。二是高等教育已经步入大众化、普及化阶段，快速扩招之后的本科生源质量并未同步提升（可能有本科之名，不一定有本科之实），阅读能力有待提升。三是20%左右的学生养成阅读习惯主要可以通过自觉来实现，而80%左右的学生养成阅读习惯则需要外部动力助推，这些都需要功夫和时日。

所以，大学生阅读习惯的养成是一个系统工程。至少涉及阅读动机的优化、阅读方法的指导、时间的科学管理、书目的选择和推荐、阅读能力的提升等多方面的问题。不是仅仅靠单纯提提号召就一蹴而成的。

养成良好的阅读习惯，何其难哉！至少需要一个较长时间的、艰苦的、大量的阅读训练过程，而且这个训练过程有时还会出现停滞、反复和曲折。试想，义务教育阶段用了9年时间帮助学生养成阅读习惯尚且未能彻底如愿，仅仅靠大学本科4年的学习就完全实现（当然不一定能简单类比），这不仅不符合阅读规律，也是一种不现实的奢望。更何况今天大学生要抵御的非阅读性诱惑实在太多了。

"一周一书"活动任重而道远。但我们不仅要坚持下去，还要深化内涵建设，帮助大学生在四年螺旋式上升的大量阅读训练中，养成良好的阅读习惯。只有培养和造就越来越多有良好阅读习惯的大学生进入社会，不断壮大全民阅读的队伍，提升全民阅读的品质，才能无愧于我们所处的实现中华民族伟大复兴的新时代。

（原载《新阅读》2018 年第 3 期，记者：宗蕾）

"一周一书"：文化育人的守望与坚持

"一周一书"阅读活动是上海商学院启动的大学生阅读推广方案，号召学生一周读一本书，并养成读、思、写的习惯。这样坚持下来，一个人一年可以读完 50 本书。发起人是我校文法学院院长方有林教授。自 2017 年 3 月发起至今，该活动从线下开展阅读活动延伸到线上阅读共同体形成，从校内师生活动辐射到校外，借助老师的"他律"最终实现学生的"自律"，帮助学生在"博"与"深"两个维度上得到切实提升，积极践行学校"厚德博学，经世济民"的校训，为学生成长成才服务。

线下延伸线上 "一周一书"阅读活动是以日常阅读量化自律实施为抓手，通过阅读量的持续累积和自我约束的反复强化，帮助和促进大学生在阅读、思考和表达三个方面获得不断成长，从而掌握读书方法、形成读书能力、养成读书习惯的读书活动。本项目倡导每天阅读 50 页书，一周读完一本书（300 页左右，30 万字左右）并写下感悟分享，一年（52 周）读完 50 本书（1 500 万字），大学四年坚持不辍，至少阅读完 200 本书（6 000 万字），并写下若干文字。此外，还通过"走读丰子恺""大运河阅读计划""阅读马拉松大赛""杭州读书会微论坛"等线下活动，推动阅读和学习。在线下读书、分享、活动的同时，"一周一书"阅读活动还运营"广象视界"公众号，每天分享读书心得、记录读书活动、介绍各类书籍、讨论名家经典等，构建读书论书共同体。同时，还建立"一周一书"微信群，坚持每日推送读书心得、介绍新书内容等，构建网络读书共同体。此外，还与"红动文法""微言文法""海上人文""上商青年"等公众号建立经常性合作，形成微信矩阵。线上线下的交流、沟通与互动，使得"一周一书"阅读活动真正践行了"搭建读书平台、推进读书交流、营造读书氛围"的宗旨。

校内辐射校外　"一周一书"阅读活动发端上海商学院，经持续"发酵"，已迈出了高校的"象牙塔"，在社会上迅速扩散，引起了复旦大学、上海交通大学、中国教育科学研究院、美国海波特大学等十多所国内外高校和教育研究机构专家学者的认可，而且还点燃了中小学语文教育工作者关注"阅读"的热情，受到社会各界的广泛关注和支持。目前，已有五家媒体、七篇文章对"一周一书"阅读活动进行了采访和报道。立足"博"与"通"两个维度开展阅读行动，明确提出用阅读量化指标来引导、督促、检测阅读及其过程，是"一周一书"阅读活动的主要特点。"一周一书"阅读活动是针对大学生阅读而提出，但由于母语阅读涉及中小学乃至幼儿园，加之"一周一书"阅读活动简便易行的特点，受到社会各界的关注和支持。不仅在上海，在其他省市举行的全国性教育论坛上，方有林也多次受邀介绍"一周一书"阅读推广模式，引起关注。2018 年暑假，上海商学院爱贵支教团第七次前往贵州毕节山区支教，同时也将"一周一书"阅读活动带进了贵州山区小学——为贵州长冲小学 363 名学生人手一册购置《论语》，支教一周组织全校晨读；捐建"一周一书·爱贵驿站"，捐购每班 50 本书，人手一册，一周一书，一年轮流读完，再整体转给其他班级阅读。

他律促进自律 "一周一书"模式推动阅读行动过程中因地制宜、因时制宜地创设了"六进",即"进班级""进支部""进课堂""进社团""进宿舍""进头脑"。通过这六个方面的"他律",借助外在压力,助力学生在自律的道路上不懈前行。为丰富读书形式,"一周一书"阅读活动先后推出了"走读乡贤""诗词'荟'""领读社""新闻采写坊""红色经典会"等形式,得到了师生的认同和欢迎,并将红色教育和社会主义核心价值观教育贯穿其中。如"红色经典会"面向学生党员和入党积极分子,要求从"红色经典书目"中选读,通过书中优秀共产党员形象的榜样作用,提高学生"两学一做"活动的实效。

(原载《上海商学院报》,记者:谭俊洪)

"一周一书"：从读自己喜欢的书开始

——"一周一书"发起人方有林教授访谈录

为庆祝建党 100 周年，"今天我主播"2021 年采制计划中，有采访本校党员教师并录制相关节目的安排。采访党员教师、"一周一书"阅读活动发起人、文法学院院长方有林教授，就是其中之一。2021 年 6 月，在"今天我主播"录音棚，采访团队现场采访了方有林老师。

问：方老师好！您不遗余力地推行"一周一书"，出发点和使命是什么？

答：我大力推行"一周一书"阅读活动，倒不敢讲有什么使命，说一说出发点吧。因为我教授《大学语文》课程，语文学习一定要有一定的阅读量，没有一定的阅读量，语文是学不好的。阅读不够，讲语文学得好，一定不会有人相信的，这是课程最基本的要求。

早在 2005 年开始上《大学语文》的时候，我就倡导同学们要多读书。但是，我当时并没有找到更多的方法。就是说，倡导完了之后，我也没有跟进，去检查同学读了没读，读了多少，大部分同学们也没有太当一回事儿。

时间来到 2016 年，我还是想把倡导读书这件事捡起来、接着做，刚好有机会到文法学院做行政领导。以前我只是一名纯粹的语文老师，离专业学生还比较远，隔着一层；现在，文法学院的学生都是"子弟兵"了。我就想，能不能把读书活动推广下去。

在开始的时候，我只是向 2016 级新生提了一个多读书的建议而已。一个学期以后，也就是 2017 年年初，上课时，我就问他们读了几本书，那次是上新生导航课，我调查下来，读得最少的人，除了教科书，一个学期是 0 本！读得最多的也不超过 10 本，我就比较郁闷。我说，今天就讨论一个大学生阅读的问题，同学们觉得应该读几本书比较合适？因为，我觉得我定得再多，你们读不完也没有用。你们自己说要读多少？你说读多少，我们就定多少。

咱们就这样讨论，20 多个同学商量来商量去，大家觉得，定得太少了不像大学生；定得太多了，又读不完。我觉得，这就是年轻人很正常的心态嘛，我就尊重他们，说你们自己定数量。他们说，一个大学本科学生，一年读个 50 本，是不是可以？我说，你们说 50 本就 50 本。刚好，一年就 52 周嘛，去掉过年喝酒、吃肉，就休息，就不用看书了。这样，一周读一本书，刚好 50 本，"一周一书"一词就突然从我的脑海中蹦出来了。我就说，从明天开始"一周一书"。

一年读 50 本书，是同学们告诉我的想法。我只是将它概括为"一周一书"而已。

问："一周一书"阅读活动发起初期的困难，您是如何克服的？

答："一周一书"阅读活动，可以说是困难，也可以说是一种挑战，甚至可以说是一种快乐的玩法。

"一周一书"阅读活动最先推进的时候，我还是比较慎重的。因为，我调查的只是这 20 多个学生，并不是所有的同学都有这个想法，都能够做到。我认为，成功推进一项改革，最好要先做试点，不能冒进。冒进是不行的，欲速则不达。

最先找了文法学院学风最好的两个班，我们先试读一个月，一个月就是 4 本书。我这样想，看看这两个班一个月是否能读完这 4 本书。能，说明提出"一周一书"，是行得通的。如果说，他们这些比较好的同学都完不成"一周一书"指标的话，这个活动就行不通。

这一个月，我还做了一些工作。首先，给每个同学发一本笔记簿，每个人若读了一本书，就写一篇读书笔记，我要看，去检查同学们读了没读。其次，我还让其他老师帮我做一些调查，调查同学们对"一周一书"阅读活动的看法和认识。有一位老师给了我这样一个回馈，我觉得特别好玩。她告诉我："方院长，我们调查过，同学们有一个反应，我告诉您，您不要生气。"我说："我不会生气。"我已经过了 50 岁，五十而知天命，知天命就不会生气了。她说："五个字。"我说："哪五个字？"她说："同学们说您'方院长疯了！'"我的第一个反应，觉得很好玩；第二个反应，觉得我要给同学们积极的回应。

试读之初，就说好了，我们一个月以后做一次总结。总结一下，我们到底能不能做？能做多少？大概有多少同学能做到"一周一书"？总结会上，我肯定要发言的嘛。我就想，我做总结或讲话的时候，需要有个主题，或者是标题。他们说"方院长疯了"。我当时第一反应是："我没疯。"一个星期以后，我觉得，我不能这样说。为什么？就觉得，同学们说我疯了，我说"我没疯"，那不就成了我和他们对立起来了吗？我觉得，说"我没疯"，这个标题的效果不好。

于是，我换了一个题目。同学们觉得我疯了，我回应"我疯得还不够"，那同学们肯定眼睛都要瞪大了，如何理解"我疯得还不够"呢？为了落实我这个想法，一个月后的总结会，工作人员为我准备了两个席卡，一个是我的本名"方有林"，另一个席卡上面写上"周一书"，叠放在一起，本名席卡在上，"周一书"席卡在下。讲到最后的时候，我说，同学们说我疯了是吧，我觉得"我疯得还不够"。那怎样证明"我疯得还不够"呢？我就把"周一书"的席卡拿出来，我说："从今天开始，我改名字，叫'周一书'。从今天开始，你们可以叫我'周老师'，也可以叫我'方老师'；可以叫我'方院长'，也可以叫我'周院长'。"

这就是我的微信昵称叫做"周一书"的由来。不仅我们学校有些不熟悉我的老师和同学，可能会误认为我的名字真是"周一书"，因为"周一书"这三个字特别像一个人名，而且，全国其他地方的书友加我微信的时候，也有人叫我"周老师"，为什么？因为这三个字太像一个人名了。我从来不介意别人叫我"周一书"。试想，你要是记住了"周一书"这三个字，那你就一定容易记住"一周一书"这个活动。这，正是我想要实现的。

这样，最初别人认为的"困难"，对我而言不仅不是一种困难，而是一种乐趣。这种乐趣会激发我继续地往前走。大家都很关注"一周一书"这个活动，不是很好吗！就怕大家不关注，我就没得玩，玩不下去了。

问：关于读什么书，您有没有什么建议？

答：这个问题问得很好！你的这个问题其实包含着两个方面：第一个是养成阅读习惯，另一个是怎样选择适合自己读的书。

我跟同学们接触下来的体会是，有相当一部分同学，可能通过"一周一书"这样一个活动，初步养成了阅读的习惯。这个阅读的习惯，以前没有固定的，现在养成了相对固定的；以前只相对比较少数的人，现在有比较多的人。习惯方面的收获，我是特别看重的。相对而言，具体读什么书、读了几本书，我是放在第二位的。因为，养成了读书习惯，具体读什么书的问题，就可以迎刃而解。

因此，在推行"一周一书"阅读活动时，我一般不会特别要求同学们要读什么书，不要读什么书。为什么呢？因为，我认为进行太多的干预，同学们读书就读得不轻松，就容易损害读书的胃口。

关于读什么书的问题。打个比方，我只要求每个同学必须吃三顿饭，你必须好好吃，你不好好吃，就会影响你身体健康。至于每顿饭，你喜欢吃馒头，或是喜欢吃面条，还是喜欢吃米饭，抑或喜欢吃什么菜。我想，这个不需要我这个老师来过多干涉（指导、干预），难道你连每顿吃什么，这个选择能力也没有吗？

迁移到读书/读什么书上，你是一个大学生，你有那么多同学，倘你自己不会，你可以问同学呀；若你自己还不会，你可以问专业老师啊；还可以问其他那么多老师（我们学校几百位老师）；你还有家长和其他各方面的亲戚……我想，这样一个比较宽松的读书氛围，同学们可以自由选择自己喜欢的书来读，既能学会读什么书，也能养成良好的阅读习惯。

当然，我也会推荐一些具体书目。我推荐的书目，肯定是很好的。但是，现在这个阶段，你不一定喜欢读，我觉得很正常，不必强求。日常我也会给同学们推荐一些书目，不是那种比较强制性的推荐。当然，也有几本是我强烈推荐的，主要侧重帮助同学们提高阅读基本能力的，跟阅读方法等直接相关的几本。如艾德勒等著《如何阅读一本书》、格拉宁著《奇特的一生》等书，是我一直向学生推荐的；而且，我都读过，对这些书直接做过解读的。有机会的话，我就会跟同学们座谈啊，分享啊，或者做讲座，或者根据不同的情况做不同的处理。

问：您在的"一周一书"活动中，实行的特色做法是"进班级、进课堂、进支部、进社团、进宿舍、进头脑"的"六进"他律特色做法，您是如何发现这个好方法的？又是如何实行的呢？

答：我更看重自律读书。"一周一书"阅读活动，首先想要帮助书友养成读书习惯，最终实现真正的自律读书。

事实上，大多数人要真正养成读书习惯，尤其是到了大学生阶

附录·一周一书：媒体刊文录

259

段，仅仅依赖自律是不够的，实现起来是十分困难的。因此，需要借助"六进"这些他律方式的辅助，通过一个较长时间的自律实施和培育，帮助书友慢慢地，从少自律渐渐变成多自律，从浅自律渐渐变成深自律，从弱自律渐渐变成强自律。

众所周知，读书是一个十分个体化的活动，自律尤其重要。读书绩效的真正体现，不可能一蹴而就，需要依赖长期以来的自律，最终实现自动。而作为成年人的大学生，具备较强的自律潜能。如果暂时还不够，或者还不显，或者还不强，就要想办法激发潜能释放出来，必须想办法突破这个"坎"，大学校园阅读才能持久和深入。

但是，自律读书这种习惯的养成，不是一周就能实现的。不要说大学生，就是中老年的我们有时也会有懈怠（不够自律）。因此，养成自律读书这个习惯，是不是需要有一个过程，来帮助大学生把这个习惯养成呢？因此，我们需要引进一点外力（"他律"），与"自律"一起来，帮助和促进大学生逐步养成读书习惯。

读书这件事很累、很辛苦，大学生有时候很累，读不下去了，当你想放弃的时候，因为有"六进"的他律外力，就可以转移和缓解一下。可以"进班级"，发动班级里更多的同学来读书；或者"进社团"，社团里有很多同学，也可以一起搞搞读书活动。这样，你想放弃的时候，是不是就不容易放松了？包括"进支部"，对于学生是团支部，对于党员和老师，那么就进党支部，包括学生中的一部分先进分子向党组织靠拢。还有"进宿舍""进课堂""进头脑"。自己本身想读而又不太能自律，加上一些外在小行动的推力，自己的动力再加上外在的推力，我想，这样"自律"和"他律"形成合力，应该对养成读书的习惯产生良好的助力。

"进班级、进课堂、进支部、进社团、进宿舍、进头脑"，同学们受到这样小的"他律"影响，并且把这些结合在一起，有了这些小小的阅读单元的"包围"，你想逃出去就不那么容易了，慢慢地，时间一长，养成了读书的习惯，你就不觉得累了。我当时倡导他律"六进"，设想和希望大概是这样的。

问：方老师，"一周一书"这个活动已经持续四年了，您觉得在这期间我们学校发生了什么样的变化，有没有达到您心里预期的这个效果呢？

答：我没有做过严格意义的数据统计，但是我自己的直观感觉是，现在整个学校不太知道"一周一书"这个活动的人，肯定是少数了，而不是多数。这是其一。至于践行读书学生的具体数量，我的估算是，大概是三分之二吧，具体到是否都做到了"一周一书"，就需要更宽泛一点去理解和界定了。这是其二。

首先，一个人知道了"一周一书"，就有了阅读量的认识标高，不断增加认识就有了认同的可能，也就有了尝试实践的可能。

其次，用统计阅读数量多寡的方式来评估阅读活动（效果），很直观，但是太简单化了。做这个统计的工作量很大，统计的数量也仅仅是一种参考，见仁见智。一个人的精力十分有限，我的精力更专注于阅读理论问题的研究，当然不是那种纯粹的书斋式研究，而是结合"一周一书"阅读实践开展针对性的研究。

至于评估"一周一书"阅读活动（效果），我有这样一个模糊的估算方式，不知道大家是否认同。根据阅读数量多寡和阅读习惯的成熟度，我们或许可以将整个学生群体分成三拨，大概各占三分之一：已经形成阅读习惯的、阅读习惯不太稳定的、基本没有阅读习惯的。

至少有三分之一的学生，本来就一直在读书，因为他们早已经养成了读书习惯，读书是很自然的事情。但是，平时因为我们开展大张旗鼓的读书活动还不够，接触这些学生少，不太容易找得出来。其实，无论是在读书的社团里，或者读书活动中，还是写作活动里，总有一部分同学表现得很踊跃，这些肯定是已经养成阅读习惯的人。我想，本来就应该有三分之一的读书先进分子吧。

我的经验是，至少有三分之一的学生，基本没有阅读习惯，暂时还属于后进分子。他们暂时落后的原因是多方面的，这些学生也是受害者，他们在激烈的升学压力下，已经对阅读失去了兴趣。要帮助这三分之一的学生养成良好的阅读习惯，时间要更长，投入的精力要更多，短时间内效果也很难显现。

处于中间的三分之一，他们阅读习惯还不太稳定，可塑性很强。"一周一书"阅读活动通过持续的自律倡导和"六进"他律，营造一个多读书光荣的正向氛围，持续影响中间分子从被动向主动转化，不断激发和强化他们的主动意识。这些中间分子不断地"晋级"为读书先进分子，整个校园认同读书的群体不断壮大，多读书的氛围更为浓烈。

　　渐渐地，通过"一周一书"的持续活动，就把中间的这三分之一影响了，天长日久，先进分子或者准先进分子的群体人数就变成了三分之二，这个数据占绝大多数，这样对一个宿舍、一个班级、一个学校读书的感染塑造，阅读氛围形成就好很多了。这是我最想看到的，目前在全校已经基本上有了这个雏形。

　　通过几年的共同努力，我认为基本上达到了这个预期的效果。至于读书最终的期待，不要一刀切，也不可能达到整齐划一，进而齐步走。只要同学们已经开始读了，那就是成功了。至于读得多读得少，读得快读得慢，收获得多和少，每个人的情况是不一样的。

　　每个人的职业生涯规划和设计也不完全一样，不能用一根尺子去衡量每一个同学，要尽量宽泛一点，尽量包容一点，尽量宽容一点。有可能是这样，他需要更多的时间实习，那他可能不一定有更多的时间来读书。而且，我对读书是这样理解的，不仅仅是读有字之书，还包括参加社会实践等，这些是读无字之书。我们强调学以致用，知行要合一，而不是读死书、死读书。

　　问："一周一书"活动，您的初衷也是希望培养学生积极阅读、有所思考、分享表达，通过不断的量化约束与积累，最终帮助养成阅读习惯。您有没有担心过，如果同学毕业了，会丢失这个阅读习惯呢？

　　答：我绝对不担心，同学们会因为毕业而把已经养成的阅读习惯丢失掉。因为，习惯一旦形成，是不会丢失的，除非习惯本身没有养成，或者习惯还不太牢固。

"一周一书"活动与其他一般读书活动的重要区别之一，就是"一周一书"活动的目标和归宿，是帮助书友养成良善的阅读习惯，过程中"六进"等读书活动形式都是手段，而不是目的。不少的读书活动，热热闹闹，轰轰烈烈，有很好的形式，但是因为活动延续的时间太短，来得快，去得也快，对养成阅读习惯产生的正向作用有限。

这也是"一周一书"活动与一般的读书活动的侧重点之间的差异。通过完成"一周一书"真正养成了读书习惯，就会形成自动化，欲罢不能，根本不用担心放弃。

为什么"一周一书"活动要强调有一个较长周期，甚至在高校施行要延续四年？没有阅读习惯，或者阅读习惯不牢固的本科生，有四年的阅读行为和阅读量的累积，肯定有相当一部分同学能够养成这个阅读习惯。习惯一旦养成，以后就变得很简单，就会终身受益。就像我们已经养成刷牙这个习惯，不会因为你换了地方就忘记刷牙了，道理就是这么简单。

阅读、思考和表达的习惯养成也是一样，需要不断地重复、强化，产生固定的记忆，最终自动化为良好的习惯。作为学生，大学学习的整个过程，阅读、思考和表达的习惯，不仅是走向职场的需要，而且因为所有的这些程序和环节，你反复应用，就会逐渐掌握，形成自发习惯，你就不会忘掉。

"一周一书"阅读活动引导同学们积极分享和表达，可以在校园内的读书活动、课程作业、社会实践、专业实习等环节中进行分享。如"'觅音'阅读沙龙",引导和组织同学们在读书社团里分享，自己先精读一本书，准备一个主题发言，在同学中间进行分享和讨论。读书，包括同学们去向老师请教，跟老师接触，做实践项目……我觉得这些都是读书的一个方面，都有利于养成习惯。习惯养成了，就不会遗忘、放弃和丢弃的，关键是是否真正养成了这个习惯。

问：嗯，明白了。但是老师您看这是一个网络时代，我们周围充斥着那么多电子产品，它可能会影响到我们，那您有什么样的建议让我们抛弃杂念一心一意读书，排除这些电子产品的干扰，坚持下去这个习惯呢？

答：你提出了一个很好的读书问题，网络时代如何阅读的问题。我认为，实际上包括两个子问题：一是，如何认识和适应电子阅读（时代）；一是，电子阅读时，如何减少和避免干扰和诱惑，提高阅读效率。

首先，科技发展了，我们首先要适应和跟上这个时代。电子阅读，只是阅读的介质不同，我们以前读书的介质是纸张，现在阅读是在电脑上、阅读器上，或者在手机终端上。这是这个时代阅读的常态，不要排斥它，而是要去主动适应它。电子阅读，只是阅读介质的不同，阅读的内容还是基本一样的，变化不大。这个主动适应，也包括老师和家长的看法和作为。我们要正确认识电子阅读，主动拥抱和宽容电子阅读，这将是阅读的常态，这是技术和时代发展的必然。

其次，在电子阅读的过程中，尤其是网络阅读的同时，可能会自然或不自然地出现其他方面的内容，有的有某些关联，有时是风马牛不相及的内容扑面而来，干扰了我们的正常阅读，消减或分散了我们阅读的注意力。如何避免和克服这些负面的阅读干扰，现在变得特别要紧、特别急迫。

关于电子阅读时的诱惑和干扰，可能应该这样辩证地去看。其实，以前读纸质书的时候，也有很多的诱惑，也有负面干扰。一方面，电子阅读时代的诱惑和干扰，与纸质阅读时代的诱惑和干扰，有所不同；另一方面，纸质阅读时代如何抵挡诱惑、克服干扰，经过长期的实践和总结，已经有了不少（成熟）的办法，而电子阅读时代的方式和办法，目前还处于探索的起步阶段，未来一定会有相应的答案，每个人都可以主动去探索，关键在自我约束。

无论是电子阅读，还是纸质阅读，怎样抵挡住阅读以外的诱惑，这是我们时时刻刻都面临着的问题。这个问题，跟电子阅读还是非电子阅读，不一定有直接的因果关联。当然，现在电子产品把我们包围得太厉害了，我们在电子阅读时比较难以突围。正因为如此，可能更强调、更需要我们想办法做好自律。这是电子阅读时代给我们提出的挑战，看看我们敢不敢、能不能经受住这个挑战，并且突出重围。

强调一下，真正形成了的习惯，是不需要坚持的。要坚持的，一般尚未形成习惯，至少目前没有形成稳定的习惯。

问：在"一周一书"阅读推广模式，您在试读阶段先后推出了"走读乡贤""诗词'荟'""领读社""新闻采写坊""红色经典会"等形式，请问您对书籍的选择要求是什么呢？您觉得要达到怎样的阅读效果才算是有效阅读呢？

答："一周一书"活动的推进，同其他所有的读书活动一样，必然无法绕开一个问题，如何帮助更多的人喜欢上读书？如果想不清楚这个问题，拿不出有效的办法，要让更多的人走近阅读是不可能的，更不用说产生良好的阅读收效了。

本人就是在享受阅读的过程中养成阅读习惯的：初中阅读之始，我借阅的都是自己喜欢的书，读喜欢的书，不仅不觉得累、不觉得辛苦，而且阅读过程享受着无读不欢、罢读不爽的乐趣。阅读时间越长，这些乐趣持续的时间也越久，不知不觉就形成了阅读习惯。正应了先贤所言："知之者不如好之者，好之者不如乐之者。"

而现实中的劝读偏差，很容易就把它做成一件目的性特别强的事。目的性太强，就不好玩，就很容易让人产生反感，基本上也就酿下了劝读失败的苦酒。"一周一书"活动甫一开始，我就立足长远考虑，就想到千万不要把它做成目的性特别强的一件事，不要过分追求阶段性的指标，要强化趣味性、选择性，弱化功利性、强制性。或者说，就算要有一定的目的性，也不要太明显了，悠着点。因为，欲速则不达呀。

从读自己喜欢的书开始，一旦你尝到了读书的乐趣，甚至形成了阅读习惯，你会根据自己的目标来调整自己的阅读数量、阅读品种、阅读方法和阅读速度的。因此，"一周一书"活动特别注重引导和强化读自己喜欢的书，尤其是作为成年人的青年学生，你通过阅读喜欢的书，逐渐进步到形成阅读习惯。习惯成自然，读什么书、如何读书等一系列问题，也就都迎刃而解了。因为，一个成年人，每个阶段都有这个阶段不同的阅读目的，都有自己的人生规划，他自然会根据这些要素，合理安排和落实自己的读书计划。

"一周一书"活动，强调要把阅读的人搞得多多的，把阅读人群搞得大大的，就先从读自己喜欢的书开始。尤其是"一周一书"活动初创阶段，更需要大家都来读，读什么都行。也许这样开始时进展比较慢，但是发展肯定比较稳固。所谓行稳致远也！

青年学生每天都要读书，相当于每天要正常吃饭。每个同学每天都必须吃三顿饭，不按时吃饭会影响身体健康、身体发育。至于你喜欢吃猪肉、吃羊肉，喜欢吃面条、吃米饭……自由选择饭和菜的品种，没有什么不可以的。为什么一定要强制性地规定，每顿只能吃米饭，或者具体什么菜呢？道理很简单，并不能说吃米饭就长身体，吃面包就不长身体，我看吃面包、吃馒头也长得很好，北方人就长得很高、很壮嘛！甚至偶尔挑挑食，也没有什么大不了的，宽容一点有什么不可以。更何况劝读呢？

在劝读问题上，我们是否太不相信青年学生了，管头管脚，管得太多了，放不开手脚。我觉得，先从自己喜欢读的书开始，青年学生绝大多数是愿意读书的、有分辨能力的。他们读了自己喜欢的书，逐步养成了稳定的阅读习惯，他们就每天都在读、每天都想读，这不就达到劝读目的了吗？教育的真正目的，不过如此而已。

"走读乡贤""诗词'荟'""领读社""新闻采写坊""红色经典会"等，既可以理解为形式，也可以理解为阅读内容的推荐，相当于一张阅读食谱，总有一款是适合你的。甚至，不排除自己去DIY、创新自己的阅读食谱。

问：明白了，老师。您未来对"一周一书"活动的开展有什么新的规划和打算？是否有可能与"今天我主播"团队联手，我们一起共创宣传合作新模式？

答："一周一书"活动，客观上允许的话，我会力所能及地一直坚持做下去。

我一直跟同学们有一个约定："哪一天方老师不读书了，你们也可以不读书！"其实，这就定位了我是一个领读者，这个角色要求我以身作则。

近年来，我反复做了一件事，那就是对"一周一书"活动进行了学理性阐释。近些年，因为通过"一周一书"劝读，跟校外专家有不少交流，他们都认为"一周一书"活动真的挺好，同时也给我提了一个问题，你作为一个学者，你得好好跟我们讲讲"一周一书"活动好在哪里？就是要知其所以然，这件事情让我纠结了好长时间。因为头脑中一直萦绕着"'一周一书'活动到底好在哪里？"的问题，带着这个问题读书和思考，2019 年我突然找到了"克期读"这个概念，真是"踏破铁鞋无觅处，得来'也很'费功夫"。

"克期读"概念，是胡适先生在 20 世纪 20 年代提出来的。所谓"克期"，就是"限定期限"。"克期读"，就是将一定量的材料在限定阅读期限内读完。这样，对"一周一书"活动的认识和理解，我就从最初的"量化约束"单一维度认知，提升到了既要"规定期限"，又要"规定阅读量"的双向维度认知。揭示了"一周一书"活动在破解劝读重点、难点和堵点方面的作用和价值，尤其是阐释了"一周一书"作为"克期读"下位概念在科学劝读方面的实践价值。

大家想想看，我们为什么经常不读书？并不是大家觉得读书不好，而是大家缺乏一种紧迫感。而"克期"，就会让我们增加紧迫感。打个比方，明天老师要叫你交作业了，你不交作业行吗？大家肯定都很害怕，为什么？不交作业，你肯定不及格了。所以今天晚上你一定会选择加班，无论到几点你一定会把作业做完。明天要交作业，这个"克期"的紧迫感在起作用。"一周一书"活动，就是通过时间的"克期"激发读书的"内在动力"，并让它尽快地释放出来。

做事情一定要设定一个期限，没有期限就不行，就没有紧迫感，工作就会拖拉。打个比方，我们定十年以后再高考，也可以的，那样你就不会那么认真和刻苦了。定"三年后高考"这个期限，高一进来以后，就开始计算学习时间，分配学习任务，到了高三，最后还要高考倒计时提醒。这就是"克期"，倒计时是最典型的"克期"。

"一周一书"活动，就是给阅读任务设定一个时间期限，让你把一本书或者几本书在规定的时间读完。这就是近年来我对"一周一书"活动的深化认识，我初步阐释了它的原理，并且发表了多篇文章加以解释。类似于我们找到了一个劝读的病症，并且有了药方。今后，我们对症下药，就比较容易解决了嘛。这就是"一周一书"活动在学理上的阐释。

近年来，我反复做的另外一件事，就是我不遗余力地推介"一周一书"活动，就是希望有更多的人参与进来。"一周一书"活动虽然是我率先提出的倡议，但是并不因为是我提出的，就画地为牢，其他人最好都不要做，也不能做。不能有这样片面的、狭隘的认识。参与"一周一书"活动的人越多，我越开心。

"一周一书"活动需要不断地创新阅读形式，丰富阅读内容，等等。未来，我想重点做两件事，一件是，继续坚持做"觅音阅读沙龙"的学生分享。"觅音阅读沙龙"，已经坚持做了整整三年了。"觅音分享"欢迎更多的同学们来参与、来分享、来讨论。目前尚有不少人没有认识到"觅音分享"的超值享受。"觅音分享"是一种高效率阅读："学习金字塔"原理告诉我们，听别人讲，忘得很快，两个星期以后知识留下不多。大家都有这样的体会，我们平时听老师讲的内容，两周后还能记住 20% 就不得了了。而金字塔底部倡导的"分享"形式——做小老师给别人讲，两个星期以后知识可以留存下来 80% 左右。试想，你读完一本书，你来跟同学们讲这本书。你都能把这本书讲得清清楚楚、头头是道，别人听完都很明白，难道这本书你还没读明白吗？显然，"觅音分享"的效果，一定比单纯听来得更好。类似于这样创新的、高效的读书方式，或者模式，我想持续地去做。

另一件是，推进"香斋书院"建设。也可以视为"一周一书"活动的升级版，将来会有更多的老师、更多的同学加入"香斋书院"里来，在这个平台上一起来读书，甚至不限于读书，一起来做一些事情，大家各取所需。

就"一周一书"活动而言，任何人跟我玩，我都愿意玩。我认为，跟我玩，就意味着大家认同、认可、看好这个东西。而且，做任何一件事情，一个人走得快，但不一定走得远；一伙人，也许走得比较慢，但是会走得很远很远。

（采访：上海商学院商务外语学院"今天我主播"团队，记者：唐晨烨、吴蔚、芮雪莹、徐华正煜，指导教师：史婷婷）

一周一书：校园劝读二十载回望（代后记）

书稿杀青，自然该松一口气了，毕竟至此作者的工作告一段落了。其实不然。如果将完稿，比喻成十月怀胎后的一朝分娩，那么，出版面世，就是孩子走向读者的亮相。虽然，就印制而言，书稿已经定型，然而从传播的角度看，读者的接受仍大有文章可做。毕竟多元的读者不是千人一面，而是存在诸如接受偏好等的"千手观音"，涉及利于接受、愿意接受、乐于接受等的丰富侧面。从这个意义上来说，针对走近读者接受的友善、便捷、效率，无疑还有不少的工作可以做、需要做、能够做，而且是大有可为的。

书稿，就作者而言，必须遵循表达的内在逻辑结构；就读者而论，还可以按照阅读的习惯安排逻辑结构。毕竟读者的时间有限、口味不同、读法多样。我想，提供一个导读提纲，为积极传播来尝试一二。

送审到出版的间隙，为作者提供了反刍的可能，我换位从读者（接受）的视角自审一遍全书，试着为读者提供检索的一些关键词，助益读者快速阅读而节约宝贵的时间。历经"试错"和"试读"两个阶段的近 20 年往事历历如昨，概述"一周一书"活动酝酿、发起和试读的关键词渐次明朗：

——阅笃至上，克期逼读；

——为养成习惯而读，从喜欢的书读起，主题引领深阅读；

——执着领读，品牌劝读，胜友如云。

一

"一周一书"活动近 20 年的实践探索，经历了两个阶段：一是，试错阶段，前 13 年通过不断试错、总结、再试错、再总结，最终找到了测量本科生阅读力的基本定量——四年读完 200 本书。在本书的"第一章　阅读力测量：定量方法与实践"，对试错过程、艰难探索和不懈反思，都有较为具体的记述，为"一周一书"活动的提出和开展试读，进行了实践探索和学科思考。

二是，试读阶段，近 6 年来发起和落地的"一周一书"阅读活动，按照年、月、周、日四个层面，分解和落实读 200 本书的定量，在"一周一书"阅读活动实践的基础上，总结和梳理了"克期读"的历史脉络，初步阐释了"克期读"的学理依据。其中，试读阶段呈现出两个显著的特点：阅笃至上，克期迫读。

阅笃至上　强调开读第一、行胜于言，主张笃行不辍、止于至善。阅读是一种技能（程序）性学习，不同于知识（陈述）性学习，特别依赖行动，多说（知）益少效缓，实干（行）增能促效。因此，必须首先廓清"知"和"行"的关系，并且遵循"用进废退"的规律，针对性地推进常阅读、多阅读、深阅读。

发起"一周一书"阅读活动，旨在落地"用进废退"规律，倡行王阳明的"行而不知，可以至知"的行知观，不遗余力地始终高扬：不仅要行，还要"笃行"，心无旁骛、一心一意的理念。

强调自始至终，贯彻和落实"行动为王"主旨不动摇，并非意味着无视、贬低、抹杀"知"对"行"的巨大推动作用。其实，两者并行不悖，共同服务日常阅读、校园阅读，乃至全民阅读。强调"开读第一"，乃是因为相对"知"而言，"行"是明显的短板。补短板更为紧迫、直接，且起点低，见效显，更利于步入劝读的良性循环。

发起并践行"一周一书"阅读活动，主动避开，或者直接跨越侈谈"知"——阅读的意义和功能等——的阶段和状态，要求直接进入到"行"——手捧书本开读——的阶段和状态，面向大多数，从每天读50页起步，铢积寸累，通过日积周累、月积岁累，在笃行阅读中收获成长、成功，增强自信，对标良性循环。同时，助力书友践履，减少懈怠，增进自律，养成习惯，与"克期逼读"的时刻对照和督促有机统一，并且相互塑造和融合。

克期逼读　高扬克期自律，激发潜能，引入倒逼，护航阅笃。自古至今，劝读（现称阅读推广）中最常见的是苦读和乐读，却鲜见逼读。

苦读，或言勤读，源远流长，成语"凿壁借光""悬梁刺股""囊萤映雪""负薪挂角"，等等，不胜枚举，概括了自西汉以降的苦（勤）读经典案例，用于激励读书人，代代相传。

乐读，古往今来几乎所有的名家，在谈及阅读经历时，无不声言其中的快乐体验，语言形式当然各具个性，主题内涵却高度一致——乐在其中。如宋真宗赵恒在《劝读诗》中甚至绘就了一幅乐读利丰图："书中自有千钟粟"，"书中自有黄金屋"，"书中车马多如簇"，"书中自有颜如玉"。又如宋代赵明诚和李清照夫妇喜好读书藏书，屡享赌书泼茶之趣，清代纳兰性德艳羡不已："赌书消得泼茶香，当时只道是寻常。"明代于谦将读书之乐描摹成："书卷多情似故人，晨昏忧乐每相亲。"

逼读，自古至今，其实也有一条线，只是若隐若现，不似苦（勤）读、乐读的线索那般分明、显豁，容易被多数人所忽视。如小时候借书读"计日以还"的宋濂，在《送东阳马生序》中所说的"录毕，走送之，不敢稍逾约"；又如袁枚在《黄生借书说》中论述"书非借不能读也"时，说到借书读"必虑人逼取"；以及本书"第三章，阅读力培育：克期读"中的诸多"克期读"案例。可见自古至今、从中到外，逼读不绝如缕。

逼读不彰，还有一个趋利避害的深层原因。从读者接受的视角而论，若说苦（勤）读、乐读，摆长处、品优点，听起来顺耳，感觉舒服，易于接受；但谈论、推崇逼读，评短处、说不足，类似于"揭短"，听起来逆耳，容易引人反感、不招人待见，也就难免要遭白眼、挨板砖。

本书专设"第五章　阅读力反动：胶柱鼓瑟"，包括反思苦读、乐读，辩证思考开卷有益，以及强调读书与实践有机统一等读书模式。苦读、乐读，囿于个体经验，复制性、普适性难免受限。毕竟，读书而能不畏其苦者，或乐享其中者，多属小众人群。而且，脱胎于小众的读书经验，面对全民阅读的时代要求，简单地照搬照抄，效果不一定会好。东施效颦、刻舟求剑、胶柱鼓瑟等成语，说的就是这个意思。古代的阅读理念、阅读方法，如何适应今天全民阅读的新形势、新要求，满足各种不同人群的多元阅读需求？既要继承阅读优良传统，又要有所扬弃、有所发展、有所创新。所谓

"古为今用，推陈出新"是也。关键就是不设禁区，积极探索，不断挖掘和总结。

"一周一书"实践，作为"逼读"形式的积极探索之一。既能一边努力梳理并描写出自古以来"逼读"这根线，又能一边持续不断地积极实践，同时开展系统而全面的总结。我们的态度是，在实践中证明有效的，就保留和坚持；不足的，就优化和改善；无效的，就坚决抛弃。

二

如果说，上述两个特点，更多地体现为"一周一书"阅读活动的劝读理念，那么，下述关于阅读基本问题的拷问，可以视为"一周一书"阅读活动阅读观。

面对"为什么读""读什么"和"怎么读"这三个最基本的阅读问题，近六年的实践使"一周一书"的阅读观愈益清晰："为养成习惯而读"，"从喜欢的书读起"，"主题引领深阅读"。

为养成习惯而读 为什么而读？这是一个宏大的命题，视角不同，答案各异。"一周一书"阅读活动，注重学生的优良阅读习惯养成，主要基于下述原因：一是，养成优良的阅读习惯，是古今中外名家共同的阅读体验和劝读倡议；二是，当前大学生读书少、不读书的最主要原因，是尚未养成比较稳固的阅读习惯，这个人群要占到近三分之二；三是，问题表现在大学生身上，根源却在中小学阶段、家庭教育等方面，大学生的阅读总量明显不足，与习惯养成的必要条件差距明显，不足以支撑形成比较稳固的阅读习惯。

往事不可谏，来者犹可追。大学本科四年，践行"一周一书"阅读理念，至少可以读 200 本书，足以养成较为稳固的优良阅读习惯的、操作性较强的阅读量指标。充分利用这个最后的"窗口期"，在对标"为中华民族的伟大复兴而读书"志向的同时，不废阅读的具体指导和督促，尤其是身为一线阅读教学和指导工作者，咬定青山不放松，引导和督促学生一页一页地读，一天一天地读，既面向未来，又立足当下、落实眼前，落细落小每天、每周、每月、每季、每年的阅读量，不断夯实阅读习惯养成之基，持之以恒，集腋成裘，聚沙成塔，积累量变，酝酿和最终促进质变。

任何阅读目的，无论大小，既是一个具体而微的问题，又是一个系统工程。落实起来，功夫在平时，功夫在大家，功夫赖合力。每一位师生，在落实过程中，都有自己的位置，都可以有所作为；师生既是受益者，也是施益者。在机制优化方面，增加和改善了阅读方法介绍和指导的教学内容，突出了学以致用、举一反三的内容考核，自读、分享、研讨和应用阅读指导书目，培植和指导校内若干读书会组织建设，举办形式丰富、人群细分、雅俗兼顾的各种读书分享、读书节、读书月、读书征文等活动。

学生最终养成了优良的阅读习惯，自然会爱读书、多读书、善读书，而且将受益终身，客观上助力全民阅读的持续和深入。

从喜欢的书读起　"一周一书"阅读活动，倡导从自己喜欢的书读起。众所周知，好之者不如乐之者。读自己喜欢的书，无一例外地都能有良好的获得感，不仅不累不苦，还能充分感受读书愉悦，而且还乐在其中。正如宋代陈师道诗所云"书当快意读易尽"

是也。

"一周一书"劝读活动，倡导从自己喜欢的书读起，但不是毫无原则的"放羊""放水"，而是有规定动作和自选动作的内涵要求。其中，规定动作是每天必须读 50 页书，一周必须读一本书；自选动作要求起步读什么书不限，允许自由选择，建议先选择自己喜欢的书来读，强按牛头喝水效果不好。

喻而言之，每天都必须吃三顿饭，吃什么饭菜（组合），可以自由选择。主食，既可以是米饭，也可以是面食；菜品，可以是荤多素少，也可以荤少素多，也可以荤素相当，甚或全荤/全素。简而言之，不按时定量吃饭，直接影响健康，坚决不允许；选择吃什么，多一些自由度，南方人吃米饭、北方人吃面食，有的吃荤多，有的全素食，不都很健康嘛，为何一定要整齐划一呢？以此为基础，再根据各自的优势和不足，加以适当调整，肯定更可行。

读书，当然要读经典。无论是从时间节约，还是从营养丰富考虑，都是事半功倍的做法。但是，目标的正确与方法的恰当，是既直接相关又不很相同的两回事，不能简单画等号。更不能因为目标正确，而将方法和路径的选用置于不管不顾的地步。经典阅读，要循序渐进，要因人而异、因书而异、因时而异，否则，不仅行不通，甚至适得其反。因为，经典阅读，对于大多数人而言，有时坡度太高、太陡，直接往上冲，一般上不去，切记"欲速则不达"的道理。

我主张经典阅读，同时也反对简单化操作。这就是本书第二章，不遗余力地专列"阅读力活水：经典阅读"论述的缘由。迁回，这一破解之道：多备本钱好读书，先打游击后攻城。迂回曲折，具有操作性强的特点，表面看确实不直接，似乎更费时费力，实际则磨刀不误砍柴工。尤其是面向全民阅读，人群数量庞大、起点落差明显、情况差异复杂，更应注重贴近书友实际，对应书友接受层次，服务书友接受心理。

主题引领深阅读　精读是深度阅读的重要形式，但是不止于此。本科生的阅读内在要求，侧重以问题解决为中心开展深度阅读，是聚焦一个具体问题，尽可能地搜集相关的信息和资料，展开多维度的反复阅读、分析和比较，将略读和精读等有机统一；或言基础阅读、检视阅读和分析阅读有机统一，为分析问题和解决问题服好务。

针对大学生学习的实际需求，"一周一书"阅读活动倡导"主题引领深阅读"，还基于下述考虑：一是，主题阅读和写作，是高等教育能力培养的显性要求，也是大学生最主要的学习形式；二是，主题阅读和写作，是融合略读和精读的深度阅读，又是提升略读和精读的高效阅读法；三是，主题阅读和写作，是一个依赖大量实践和训练过程，长期积累才能熟练的读书方法。

主题读写，既不是学术研究者的专利，也不限于象牙塔内。尤其是在高等教育普及化阶段的当下中国，目前概念还不够明确，认识还不够一致，内涵表述尚不系统。为了弥补我国大学生接触迟、知之少、掌握慢的短板，特辟专章"第四章　阅读力应用：主题阅读"加以梳理探讨，以抛砖引玉。

三

"执着领读""品牌劝读""胜友如云"等情况，是侧重实际操作的一组优选策略，劝读收效明显。既贯彻和落实了"阅笃至上""克期逼读"的理念，又支撑和落实了"为养成习惯而读""从喜欢的书读起""主题引领深阅读"等阅读行为的原则。

执着领读 领读，涉及劝读方向、内容和决心。要求领读人既高举"火炬"照亮前行之路，为攀登书山者提供指引，又身先士卒手握"利斧"披荆斩棘，勇往直前，逢山开路、遇水架桥，同艰苦、共进退、倡分享。尤其强调领读人先下水、涉深水，总结先读、领读的得与失，为大部队打前站，从而有效保证阅读大部队少走弯路、不走错路、未来可期。我们的文化传统也强调"其身正，不令而行；其身不正，虽令不从"。否则，劝读者阅读却不以身作则，既难以服众，又落实"阅笃至上"不力，久而久之，必然步入恶性循环之死胡同。

任何事业、任何成功都不可能一蹴而就，阅读也不例外。阅读是慢功、细活，需要量的不断地、持续地积累，最终引向质变。所谓"板凳须坐十年冷""行百里者半九十"，说的都是"执着"的重要性。领读者的坚定信念，直接影响和感染着阅读大部队的精、气、神。

要保证方向明确、进程顺利，就要求领读人先尝"梨子"，总结经验、吸取教训，形成可复制、可推广的经验和做法，铲平前进道路上的障碍，减少前进过程中的阻力，过程中的一个一个小的目标实现，助力大部队消除和减弱畏难情绪，凝聚和增强坚定必胜信心，队伍不断向前、向太阳。

品牌劝读　主张品牌劝读，乃是因为：一、品牌利于识别，培养认同；二、品牌助力积累经验和能力，提高劝读效率；三、利于集聚接受、传播和营销等积极因素，从而反哺劝读。

回眸"一周一书"品牌劝读活动，取名确实是一个良好的开端，也仅限于此，后续的持续、深化和创新推广更重要、更关键，也更艰难。一方面，充分利用当下的多媒体平台：文字、图片、视频的，微信、微博、抖音的，线下、线上的；另一方面，开掘劝读的不同侧面和丰富内涵，策划持续地推出一个个阅读的"热点"（具体解决一个个的堵点或痛点），化解品牌劝读中的审美疲劳，一个时间段聚焦、关注和解决某一个阅读问题。与此同时，注重阶段性、专题化及其结合，或介绍特色读法，或推荐重点书目，或讲述身边阅读故事；注意点和面的结合，做好面上介绍和深度开掘结合。

坚持宣传和推介"一周一书"品牌不动摇，既注重长线推广和短线推广相结合，又贯彻积极心理学的精神，以扬人之长、学人所长。长线活动不断线，如校内的"六进"他律 6 年不断，"觅音读书沙龙"从 2018 年开始至今已经第 10 季了；同时，短线活动不间断，校内和校外联动，主动跨前一步，宣传和推送校内外读书社团的读书海报，报道他们的读书活动，激赏他们的读书创意。读书的朋友圈大了，信息多元了，侧面丰富了，琳琅满目，精彩纷呈，自然给人新鲜感、驱散陈旧感。

此外，还不时推出"一周一书"活动文创产品，丰富品牌劝读的推广形式和趣味。近6年来，先后设计与"一周一书"活动相关的文创产品十数种，如折扇、书签、笔记本、水笔、手机架、口杯、帽子、钥匙扣、毕业纪念册……虽然低值，但是因为覆盖广，收到了不错的效果。

胜友如云 "一周一书"活动的劝读、推介，始终奉行建立广泛的阅读统一战线的观念。无论是理念还是实践，想方设法将朋友搞得多多的。首先，体现在"一周一书"的两个含义阐解上："周"，既包括一个礼拜七天，还有自定阅读周期之意。"一周一书"的弹性，体现为其有充分的包容性，能即时做到一个礼拜读完一本书的，以及自定阅读周期的，都是"一周一书"的朋友圈。

其次，不过分强调"阅兵式"的齐步走，而倡导自律、实事求是的散步行。倡行积极心理学，多多表扬和鼓励学生：既表扬读书多的学生，也表扬进步快的学生；既鼓励有意愿多读书的学生，也鼓励愿分享读书体会的学生；人越多、群越大，读书氛围愈浓，劝读愈顺，大家也愈开心。这样既有滚雪球效应，又显反哺效应，助力形成优良的阅读生态，实现"蓬生麻中，不扶自直"的良好效果。

再次，初步建立起的"一周一书"全国阅读共同体，就像散布全国各地的星火。虽然这是一个松散的共同体，但是目前有十多个成员单位，地域分布很广、成员结构多元：既有本埠的，也有外埠的；既有高校，也有中小学；既有学校，也有企事业单位；既有师生，也有其他社会人士。

四

岁月不居，时节如流，二十有年，忽焉已至。20 个年头，教授学生 18 届，因为一直教授"大学语文"系列课程之缘，我有幸能始终做"劝读"这件小事，深耕校园阅读，并围绕"爱读书、多读书、善读书"指导和帮助学生开展教学和科研，尽己所能地激发学生的阅读兴趣，提高学生的阅读效率，助力更多学生养成优良阅读习惯。

二十年的"一周一书"劝读探索和实践，伴我成长、促我成长、教学相长，使我始终享受着众星捧月般的待遇。躬逢书香校园、书香社会建设之盛，我又占学科、职务、年龄等优势，因此，特别感恩天时、地利和人和。

感恩"全民阅读"推广之天时　　"全民阅读"自 2006 年启动以来，得到了党和国家的不断重视，"全民阅读"连续九次被写进总理政府工作报告中，并且从"倡导"到"深入推进"；习近平总书记致首届全民阅读大会举办的贺信，更是吹响了"全民阅读"向纵深推进的集结号。二十年的"一周一书"实践和思考，根植于"全民阅读"的沃土，千载难逢，幸哉！

感恩上商和文法学院之地利　　近二十年上海商学院得到了长足的发展，继 2004 年升本后，2021 年升硕。"书香校园"建设是上海商学院内涵建设的一根红线，显然，在"书香校园"之高原上，建设"一周一书"阅读品牌之高峰，易收事半功倍之效。因此，"一周一书"阅读活动，其实也是全校师生员工 20 多年来读书成果的展示、劝读智慧的结晶。我更是因为履职文法学院,不必说中文教研室全体同仁的劝读之功,也不必说文法学院同仁致力浓浓书香文法的劝读之功,只说学校承办市级读书活动为我搭台展示——"读红色经典 做信仰传人"的第一季、第二季与2021年"百年百书阅读行"主题活动,已有超过20万人参与或关注;2022年"新阅读 向未来——云端夜读荟(抗疫专题)"主题活动再度引发热切关注。

感恩校内外圈内外书友之人和 人和的链式结构有:文法学院师生群体之"一周一书"内圈,上商师生群体之"一周一书"中圈,全国十多家单位之"一周一书"阅读共同体的外圈,社会各界书友之"一周一书"更大朋友圈。

尤其是近六年来,"一周一书"活动的试读和发展,得到了社会各界人士的关注、鼓励和支持,笔者谨深表谢忱!其中,有不少知名人士题签勖勉"一周一书"活动,他们有:著名作家、中国作家协会副主席叶辛,教育部"长江学者"、南开大学教授、博导查洪德,著名作家、中国作家协会副主席、茅盾文学奖获得者格非,央视《新闻联播》主持人康辉,南极科考专家李航,上海作家协会理事、华东师大教授毛尖,中国作协会员詹东新,上海作家协会理事沈轶伦,画家、摄影家林帝浣,青年作家叶楚桥,知名亲子教育专家沙拉·伊马斯等人。

其中,不少媒体在推介"一周一书"活动方面鼎力相助,"附录"中所列媒体就有:光明网、上海教育网、《上海教育》杂志、《新阅读》杂志、《上海商学院报》、"My Radio"(今天我主播)平台。另外，校内外的微信公号平台，在推介"一周一书"活动方面持续给力，分别有："广象视界""海上人文""汉语迷城""微言文法""红动文法""上海商学院""第一教育"等。

特别感谢人民教育家、著名语文特级教师于漪先生赐序本书，并为书名题签。

特别感谢国家新闻出版总署"全民阅读形象代言人"、新教育实验发起人、第十三届全国政协常委兼副秘书长朱永新先生题赠推荐语："'日读五十页，一周一书行。月积更岁履，习惯成自然'，作者创意策划并亲自推动的'一周一书'是一项很有示范意义的书香校园实践，对于培养学生终身阅读的习惯，深入推进全民阅读，具有重要的意义。"

特别感谢东方出版中心编审团队，潘灵剑先生对本书的撰述、出版具有催生之功；责任编辑裴宏江先生克服疫情影响，为本书顺利出版费心尽力。

囿于个人学养，书稿中错讹不妥之处难免，祈祷专家和读者赐正。收件邮箱：fangyl@sbs.edu.cn。

方有林

2022 年 6 月 13 日记于沪上古美苑